U0935157

沿着高速看中国

——西藏篇

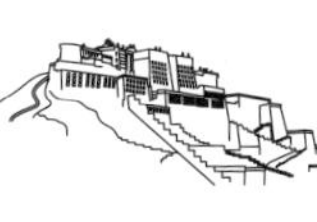

西藏自治区交通运输厅
西藏自治区重点公路建设项目管理中心 编著

人民交通出版社股份有限公司
China Communications Press Co.,Ltd.

图书在版编目 (CIP) 数据

沿着高速看中国．西藏篇 / 西藏自治区交通运输厅，西藏自治区重点公路建设项目管理中心编著．—北京：人民交通出版社股份有限公司，2023.3
ISBN 978-7-114-18638-7

Ⅰ.①沿… Ⅱ.①西…②西… Ⅲ.①高速公路—道路建设—概况—西藏 Ⅳ.① U412.36

中国国家版本馆 CIP 数据核字（2023）第 032421 号

Yanzhe Gaosu Kan Zhongguo——Xizang Pian
书　　名：沿着高速看中国——西藏篇
著 作 者：西藏自治区交通运输厅　西藏自治区重点公路建设项目管理中心
责任编辑：齐黄柏盈
责任校对：孙国靖　龙　雪
责任印制：张　凯
出版发行：人民交通出版社股份有限公司
地　　址：(100011)北京市朝阳区安定门外外馆斜街3号
网　　址：http://www.ccpcl.com.cn
销售电话：(010)59757973
总 经 销：人民交通出版社股份有限公司发行部
经　　销：各地新华书店
印　　刷：北京地大彩印有限公司
开　　本：889 × 1194　1/16
印　　张：13.25
字　　数：242千
版　　次：2023年3月　第1版
印　　次：2023年3月　第1次印刷
书　　号：ISBN 978-7-114-18638-7
定　　价：158.00元
(有印刷、装订质量问题的图书，由本公司负责调换)

《沿着高速看中国——西藏篇》

编　委　会

天路欢歌道如虹（代序）

70 载披风戴雪艰苦卓绝，“两路”精神铸就雪域长虹。在庆祝西藏和平解放 70 周年的喜庆时刻，回望来时路，一代又一代交通人不畏艰险、顽强拼搏，在平均海拔 4000 米以上的青藏高原修路架桥，为社会主义新西藏的建设、发展奉献力量，在伟大的中国共产党领导下，在“老西藏精神”与“两路”精神指引下，创造了无数人间奇迹。

“两路”通　高原畅

70 年前的西藏，120 多万平方公里的土地上，没有一条公路，“世界屋脊”遍布崇山峻岭、大河冰川、茫茫雪野，西藏各地一直沿袭着驿道、溜索、皮筏子等原始、古老的交通方式，百姓间的盐粮交换大多靠人背、畜驮。

那时，西藏的生产、生活物资大多由马帮和牦牛队从四川、青海、云南驮运进藏，人畜行走在崎岖险峻、苦寒蹇塞的山路上，艰辛跋涉几个月甚至一年，才能从雅安或西宁到拉萨走一个来回。由于路途极其艰险，很多人出了家门就再也没能回去。落后的交通方式极大地制约着西藏的生产力发展和社会进步，严重阻碍了雪域高原同祖国各地的经济联系、文化交流和民族交往。

西藏和平解放初期，以毛泽东同志为核心的党的第一代中央领导集体高瞻远瞩，作出英明决策——修建康藏公路（1955 年改名为川藏公路）和青藏公路。党中央一声号令，中国人民解放军第十八军官兵同来自祖国各地的工程技术人员、各民族群众共十多万人以血肉之躯和钢铁意志投身于“两路”建设。历时五年，筑路大军以“让高山低头，叫河水让路”的英雄气概，在极其恶劣的自然环境和工具极度匮乏的艰苦条件下，用铁锤、钢钎、铁锹和双手，劈开悬崖绝壁，征服重重天险，3000 多名施工人员壮烈牺牲，长眠于雪域高原。

1954 年 12 月 25 日，全长 4360 公里的康藏公路和青藏公路同时通车拉萨，创造了人类公路建设史上的奇迹，西藏结束了没有公路的历史，开辟了交通运输事业新纪元。

“两路”通车，为西藏自治区的成立提供了强有力的交通、物资支持。“两路”通车，全国各地支援西藏建设的物资和人民生活所需用品被源源不断地运上雪域高原，从此，西藏有了第一座工厂、第一座电站、第一所学校、第一家现代化医院……西藏经济社会发展突飞猛进。

“两路”通车，来自各省（自治区、直辖市）的各类人才陆续进入西藏支援建设，西藏的各族青年也大量进入内地学习文化知识、专业技术，深入了解党的民族政策，有力地促进了西藏与祖国各地政治、经济、文化上的交流，增进了西藏各族人民与各兄弟民族间的大团结。

“两路”通车，西藏现代交通运输事业拉开了发展的序幕。在川藏公路、青藏公路的修筑中，诞生了西藏最早的公路养护管理机构。参加筑路的大批工程技术人员和干部留在西藏工作，当地许多藏族和其他民族农牧民群众加入了交通建设队伍，西藏有了第一代现代产业工人。“两路”通车后，西藏有了第一辆汽车，在中央支援下，西藏组建了第一家运输单位和第一家汽车修理厂。

此后，国家又投资修建了新藏、滇藏、中尼等干线公路和大批农村公路，雪域高原各地的交通运输条件明显改善，农牧民群众逐渐告别了原始落后、坎坷艰险的交通方式，走上了平安、顺畅、文明的光明坦途。

以川藏公路和青藏公路为代表的西藏公路，如同一条条吉祥的哈达蜿蜒在雪域高原，成为西藏社会文明进步之路、民族团结之路、人民幸福之路。

团结线　幸福路

改革开放以来，国家对西藏交通运输建设的投资力度逐年加大，覆盖全区的公路网络基本建成，国省干线“黑色化”改造全面实施，公路养护初步走向机械化。

自 1989 年起，国家投入巨额资金，先后对青藏公路、川藏公路实施了数次大规模整治，较好地改善了这两条“生命线”的通行条件，取得了明显的经济效益和社会效益。西藏公路建设实现了质的飞跃，公路主干线的通行条件、养护水平、运输能力不断提升。

1994 年，西藏成立了路政管理部门，有效保障了高原公路交通运输的健康运行。公路通行能力的不断提升，促进了客货运输市场日渐繁荣，物资和人员进出西藏更加便利、安全、畅通。公路建设、客货运输、城市交通、交通工业等企业也在经济社会大发展和交通建设与改革中日益兴起、壮大，形成了一批优质的骨干企业，为西藏农牧民群众提供了大量的就业岗位。

自 1995 年开始，全国交通运输系统拉开了大规模对口援藏的序幕。多年来，交通运输部始终对西藏交通运输工作给予特殊厚爱和支持。仅“十三五”期，累计支持车购税资金 953.07 亿元，为西藏交通运输高质量发展提供了有力保障。

“十三五”以来，各对口援藏省（自治区、直辖市）共安排交通援藏项目 45 个，落实资金 6124 万元，并在人才、规划、政策研究、技术、项目、管理等方面提供了有力支持，显著改善了西藏基层交通运输部门办公条件和装备配置，提升了西藏交通运输行业监管水平和干部职工生产、生活条件。

“十三五”期成为西藏交通运输发展速度最快、为全区经济社会快速增长贡献最大的时期。这五年，交通运输完成固定资产投资 2516 亿元，占全区固定资产投资的三分之一。截至目前，西藏自治区公路通车总里程达到 11.88 万公里，创造了年均增长 8000 多公里的高原公路建设奇迹。

“十三五”以来，西藏公路建设步入“高速化”发展模式，建成了林芝至拉萨等一批高等级公路，拉萨至日喀则机场高速公路加快推进建设，“世界上海拔最高的高速公路”那曲至拉萨高速公路全线通车。截至目前，西藏自治区一级以上公路通车里程已达 1105 公里。

如今的西藏农牧区百姓，出门就能走上平整的硬化路，抬腿就能坐上舒适的“平安车”。截至“十三五”末，通过大力推进“四好农村路”建设，西藏的农村公路和农村客运实现了“应通尽通”，共实施农村公路项目 3123 个，农村公路通车里程达 8.89 万公里，解决了 642 个乡镇、3988 个建制村通畅问题，乡镇、建制村通达率达到 100% 和 99.96%，通硬化路比例达到 93.7% 和 75.9%，结束了全国最后一个县城墨脱县未通沥青路、全区最后一个乡甘登乡未通公路的历史。

此外，西藏公路的“黑色化”“设养率”也明显提升，并且在公路养护管理、客货运输服务、综合执法改革等方面也取得了历史性进步。公路畅通、运输便利，广大农牧区特色产业沿路而兴，新生的就业模式也让越来越多的高原百姓逐步实现了脱贫致富增收，不仅日子越来越红火，随着人流、物流、信息流的交互影响，群众的思想和观念也悄然发生了变化。交通运输助力脱贫攻坚、服务全面建成小康社会的“先手棋”效应日益突显。

近年来，西藏的公路交通与铁路、民航、邮政的融合发展日益密切，综合交通运输体系不断完善，极大地促进了西藏与全国各地经济要素的密切流动和并轨发展，促进了西藏各族群众同全国各地人民的交往交流交融，全国人民携手同圆“中国梦”的凝聚力更加强大。

西藏交通运输行业以实际行动践行着“以人民为中心”的发展思想，兑现了“小康路上绝不让任何一地因交通而掉队”的庄严承诺。70 多年来，全区交通运输事业从无到有，发展水平从极为落后到与其他省（自治区、直辖市）的差距越来越小，始终倾注着党中央几代领导人的特殊关怀，凝聚着全国各族人民的深情厚谊。如今，西藏已经构建起纵横交错、四通八达的现代交通运输网络，各族群众走上了团结线、幸福路，在便捷、舒适、安全的出行体验中，得到最大的获得感、幸福感和安全感。

西藏交通运输 70 多年的发展历程，也是一部在“老西藏精神”和“两路”精神引领下，西藏人民与全国人民同呼吸、共命运、求发展的波澜壮阔的动人史诗。

刘步阳　张　杰

（本文刊登于 2021 年 8 月 17 日《中国交通报》）

目录

CONTENTS

新天路　新画卷　新征程

因路而兴 雪域大地谱新篇

目录

因路而富 百姓走上康庄路

CONTENTS

因路而美 高原处处展新颜

目录

CONTENTS

围绕四件大事 当好开路先锋

西环线
波玛 拉萨西
前方道路终点
请驶出主线

新天路　新画卷　新征程

2021 年 8 月 20 日　新华社

汪洋率中央代表团赴那曲看望慰问各族各界干部群众

带着以习近平同志为核心的党中央的亲切关怀和全国人民的深情祝福，中共中央政治局常委、全国政协主席、中央代表团团长汪洋 20 日率中央代表团部分成员赴那曲市，看望慰问那曲各族各界干部群众。

20 日一早，汪洋一行乘火车前往那曲市。一下火车，中央代表团就乘车前往色尼区嘎尔德生态畜牧产业示范基地。汪洋走进大棚，详细了解基地智能牧草种植、牦牛乳制品传统加工等情况，对基地带动农牧民就业、促进当地群众增收的做法表示肯定。

在那曲期间，汪洋等会见了那曲市领导班子成员及各族各界代表，与大家合影留念，并向那曲市赠送了习近平总书记题词的“建设美丽幸福西藏　共圆伟大复兴梦想”贺匾，代表以习近平同志为核心的党中央，向大家致以亲切的问候。

汪洋肯定西藏和平解放 70 年来那曲翻天覆地的变化，希望那曲坚持以习近平新时代中国特色社会主义思想为指导，增强“四个意识”、坚定“四个自信”、做到“两个维护”，深入学习领会习近平总书记在中央第七次西藏工作座谈会上的重要讲话精神和在西藏考察时的重要指示精神，全面贯彻新时代党的治藏方略，努力建设团结富裕文明和谐美丽的社会主义现代化新那曲。

汪洋在色尼区罗玛镇凯玛村视察基层党组织建设工作情况。他指出，要把中央的惠民政策落到实处，离不开广大基层干部的付出，希望大家继续努力，把家乡建设得更加美好。汪洋走进牧民普次仁家中，查看中央代表团赠送的纪念品。听到他们在家门口实现就业，过上了富裕幸福的日子，汪洋十分高兴，勉励他们继续用勤劳的双手创造更加美好的生活。

位于色尼区的杭嘉中学修建于 2017 年，是浙江省“十三五”援藏规划中的最大单体项目，现有在校学生 2000 多人，新学期已开学。汪洋来到这里，详细了解教育援藏工作情况，希望不断提升西藏教育水平，让更多孩子成长成才。

那曲市人民医院近年迎来了辽宁省选派的 5 批“组团式”医疗援

藏人员，医院综合服务保障能力显著提高。汪洋走进医院高原医学研究中心，详细了解医院基本情况和援藏工作进展，充分肯定援藏医务人员为西藏医疗卫生事业所作的贡献，鼓励他们继续用行动诠释医者仁心，给高原人民带来更多健康福祉。

汪洋还视察了那曲市高海拔科技种树进展情况，出席京藏国家高速公路那曲至羊八井段通车仪式并宣布公路通车。

中央代表团副团长张庆黎、苗华和中央代表团部分成员参加活动。

（林晖、王琦）

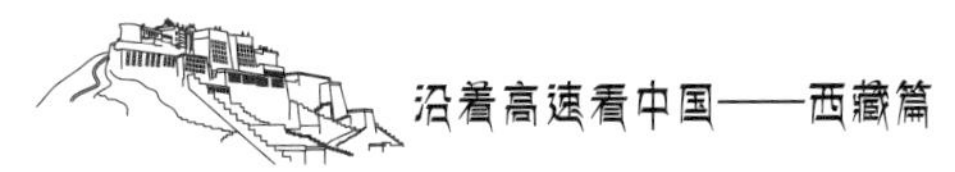

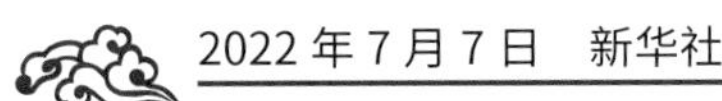
2022 年 7 月 7 日　新华社

西藏交通十年跨越
助力各族人民幸福生活

59 岁的门巴族汉子向嘎看上去精瘦干练。多年的背夫劳作，练就了他强健的身体。

向嘎家住西藏自治区林芝市墨脱县背崩乡背崩村。村北侧，雅鲁藏布江在深谷里奔腾而下。

藏在大山里的墨脱，属亚热带气候。高山峡谷和茂密丛林造就了墨脱县与西藏其他地方截然不同的壮美，却也导致这里自古交通阻塞，物资奇缺。

背夫和马帮，曾是墨脱通往外界的主要交通运输方式。全县人口在 2000 年前不到 1 万人，大部分青壮年男性是背夫。全县需要的重要物资，从盐巴到粮食、从药品到课本，只能人背马驮运进来。

1982 年，19 岁的向嘎开始当背夫。每年 5 月开始至 10 月大雪封山前，每次背 100 多斤的东西，往返于墨脱县和林芝市米林县派镇之间。一次往返需要 7 天，跋山涉水，还要翻越多雄拉雪山，把土特产和手工艺品背出去卖，再背回盐巴、食用油等必需品。向嘎还经常为县里和供销社背各种物资，挣取劳务费供子女上学。

向嘎还背过病人。1986 年墨脱有人突发重疾，他和另外 10 多位背夫轮流背着病人去林芝市区。“他的体重超过 170 斤，我只有 120 斤。我们每个人背半个小时左右，然后换人。有一段路，我背了 2 个小时。”向嘎回忆说。

墨脱县人民医院当时的医疗条件十分有限，突发重疾者或意外重伤者只能简单处理后，由背夫们背着或用担架抬着，转到林芝的大医院救治。墨脱县人民医院副院长加央说，由于交通不便、转运时间长，曾有重伤者不幸在途中去世。

从 20 世纪 60 年代起，政府多次投资修建通往墨脱的公路。但因地质结构复杂、自然灾害频发等因素，公路屡建屡毁。2013 年 10 月 31 日，全长 117 公里的墨脱公路终于贯通运营。

从 2007 年起一直在墨脱工作、2021 年起担任县委书记的魏长旗说，公路极大方便了墨脱人民的出行，保障了当地民生和建设需要的物资。充足的物资供应还平抑了物

2013 年 10 月 31 日，墨脱县通车，当地群众感谢建设者。墨脱公路于 10 月 31 日正式通车，这标志着墨脱将正式摆脱“全国唯一不通公路县”的历史（新华社记者觉果摄）

价，提升了老百姓的生活水平。与十年前相比，墨脱的医疗和教育水平已大幅提升。

墨脱农牧民人均可支配收入从 2012 年的 4875 元提升至 2021 年的 15278 元。2019 年底，墨脱与西藏其他 73 个县（区）一起实现脱贫，历史性消除绝对贫困。

魏长旗说，通路之后，不少背夫购买了货车、皮卡、挖掘机等，从事运输或基建行业，收入更高了。“但是背夫们吃苦耐劳、穷则思变的进取精神，会一直伴随墨脱的乡村振兴之路。”

墨脱公路的 117 公里只是过去十年西藏新增公路里程的“小数点”。西藏自治区交通运输厅的数据显示，西藏公路总里程从 2012 年底的 6.52 万公里，增加至目前的 12.07 万公里；农村公路里程从 5.32 万公里增加到 9.04 万公里。

也是在 2013 年，斯朗旺扎开始独立承担起火车司机的角色，驾驶内燃机车行驶在青藏铁路上。

斯朗旺扎 1987 年生于昌都市洛隆县布许村，父母均是农牧民。16 岁那年，他考上兰州铁路机械学校，第一次坐火车踏上求学之旅。如今，他已成长为西藏首位藏族动车司机。

2021 年 6 月 25 日，经过 6 年多的建设，西藏首条电气化铁路——拉萨至林芝铁路建成通车，复兴号列车实现对 31 个省（自治区、直辖市）的全覆盖。

斯朗旺扎作为拉林铁路首发车司机，驾驶着绿色的 CR200J 型复兴号动车组列车，从拉萨站出发驶向 400 多公里外的林芝。复兴号设计时速 160 公里，将单程通行时间由公路出行的 5 个小时缩短至 3 个多小时。

“动车组的速度更快，操作也更方便。这是我们国家自主研发的，我感到很骄傲。”斯朗旺扎说，高原铁路也带动了经济发展，拉萨火车站周边以前是一片平房，如今已是高楼林立的柳梧新区。

拉林铁路运营一年里，累计运输旅客113.7万余人次，运送货物4.78万吨。截至目前，西藏铁路运营里程近1400公里。作为拉林、拉日（拉萨至日喀则）和青藏铁路的交会处，拉萨火车站的到发旅客数量已经由2007年的224万人次增加至2021年的400多万人次。

西藏自治区交通运输厅厅长徐文强说，过去十年是西藏交通运输事业发展最快最好的十年，也是交通运输助力经济社会发展、惠及各族群众最见成效的十年。

过去十年里曾三次访问西藏的法国作家索尼娅·布雷斯莱说：“每次旅行，我都能看到明显的变化。首先是基础设施建设方面，公路铁路四通八达，医院、学校、敬老院等服务设施也日趋完善。让人印象十分深刻。”

布雷斯莱认为，公路和铁路的发展是西藏最重要的变化之一。“发达的交通能帮助当地家庭解决生计，使年轻人得以走出高山，去外面的世界求学或旅行。交通发展有助于文化交流交融，也有助于经济的发展。”

这些发展同时有助于满足西藏各族群众的民生所需。路，于西藏而言，是奇迹，是改变，是希望。观西藏之变，从路开始，一直如此。

那曲至拉萨高速公路波玛互通

这是试运行的复兴号动车组列车行驶在西藏山南市境内（2021 年 6 月 16 日摄）。2021 年 6 月 25 日，全长 435 公里、设计时速 160 公里的拉林铁路建成通车，西藏首条电气化铁路建成，同时复兴号实现对 31 个省（自治区、直辖市）全覆盖（新华社记者觉果摄）

1954 年 12 月 25 日，川藏、青藏公路同时通车拉萨，创造了人类公路建设史的奇迹。支持西藏建设的物资和民生用品源源不断运入西藏，西藏有了第一座工厂、第一座发电站……西藏经济社会开始快速发展。

（林建杨、吕秋平、刘洪明）

2021 年 8 月 18 日 “西藏交通”微信公众号

西藏交通：短短几十年跨越上千年

“短短几十年，跨越上千年”，西藏和平解放 70 年来的发展成就举世瞩目。交通运输部门在世界屋脊上不畏艰辛修路架桥，在高海拔地区建成一个个现代工程奇迹。同时，交通运输的跨越式发展也成为西藏在短短几十年间向现代化发展的助推器。

高等级公路助推西藏实现“千年跨越”

陕西人王先生长驻西藏做生意，经常坐飞机去全国各地。作为在拉萨较早有车的人士，他记忆最深的是 2011 年 7 月 17 日这一天，西藏建成了第一条高速公路——拉萨至贡嘎机场高速公路，时任国家

那拉高速公路堆龙曲特大桥

林芝至米林机场专用公路

曲水至乃东高等级公路

副主席习近平飞抵拉萨，在出席西藏和平解放60周年庆典活动时，为这条西藏高速“第一路”通车剪彩。这条仅有38公里的高等级公路，让王先生从拉萨市区去机场的路途时间节约了半个小时，也使西藏公路通车里程中首次有了高等级公路通车数据。西藏交通运输事业自此开启了“高速化”发展的新征程，向前迈进了历史性的一大步。

2015年11月5日，林芝至米林机场专用公路建成通车，满足了林芝米林机场不断提升的航空旅客运送需求，打通了米林机场与林芝

林芝至拉萨高等级公路

市区的交通“瓶颈”，也拉近了西藏与全国各地的时空距离。

2017 年 12 月 8 日，贡嘎至泽当高等级公路（后更名为曲水至乃东高等级公路）建成通车，显著提升了贡嘎机场至泽当公路的通行等级、抗灾能力，大大缩短了拉萨市至山南市的行车时间。

2019 年 4 月 26 日，全长 409.2 公里的林芝至拉萨高等级公路建成通车，一举将林芝至拉萨的行车时间从原来的 8 个小时缩短为 4 个多小时，进一步提升了进出西藏东西向大通道的通行能力，促进了西藏融入成渝经济圈，推动了国家西部大开发战略的深入实施。

2017 年 9 月 15 日，拉萨至日喀则高速公路控制性工程——日喀则机场至日喀则市段建成通车。2020 年 2 月 1 日，该工程拉萨段

米拉山隧道

通车试运行，其中间段工程正加紧建设。这条路全线通车后，将极大地改善拉萨市通往日喀则市和阿里地区的公路通行条件，并成为面向南亚最便捷的陆路大通道，对完善区域路网结构，打造以拉萨为中心的“3 小时综合交通圈”具有重要意义。

即将通车的 G6 京藏高速公路

拉萨至日喀则高速公路

那拉高速公路

那曲至拉萨段工程，是连接拉萨与藏北草原的第一条高速公路，也是世界上平均海拔最高的高速公路，是“一带一路”建设的重要骨架大通道，在国家和西藏公路网中具有极其重要的地位，通车后将使青藏公路的通行能力大幅提高。

截至目前，西藏已建成高等级公路 1105 公里。高等级公路建设的提速，对区域经济发展产生的巨大影响显而易见，西藏的国家级经济技术开发区、保税区、旅游度假区发展无一不因路而兴，全区各地的经济开发也因交通运输条件的显著改善而得到快速发展，如拉萨高新技术产业开发区，林芝市、日喀则市、昌都市、阿里地区的物流园区，那曲市色尼区现代农业产业园，格尔木藏青工业园物流枢纽等，皆依托公路主干线特别是高等级公路的建设而完善、发展、成熟。

一条条高等级公路的建成通车，为雪域高原经济社会发展注入了强大活力，为西藏长治久安和高质量发展提供了有力支撑。

交旅融合
体验最美的诗和远方

“最美的诗和远方就在西藏，此生一定要去西藏走走看看。”西藏山河壮阔、地貌雄奇、景观丰富、人文多彩，是无数人向往的旅游目的地。随着进出西藏公路通道持续多年的改造升级，交通条件得到大幅改善，全国乃至世界各地越来越多的

那拉高速公路

车在景中行，人在画中游

湖畔国道

游客，将西藏列为旅游必达目的地。

8月初，来自四川的李女士携母亲和一众亲友从川藏公路自驾进藏旅游，一路游山玩水到拉萨，又走青藏公路出藏到西宁。十天的“两路”之行，让她直呼顺畅得超过预期。而这只是无数游客进藏体验的缩影。

近年来，人们到西藏旅游的出行方式也因路况改善而逐渐多样化，在西藏各地随处可见徒步、骑行、自驾和驾驶房车的出行者。游客们轻松愉快的笑容，昭示着进藏旅游早已告别了“苦行僧”式的体验。

昌都市八宿县然乌湖自然风光秀丽，茂密的森林倒映在碧绿的湖水中，川藏公路从湖边蜿蜒而过，令游客心旷神怡，流连忘返。该县利用沿路优势，在湖边打造了国际房车露营地，内设观景台、停车场、

雪山脚下的青藏公路

房车补给设施、咖啡厅、餐饮区，可接待旅行团食宿，吸引了大批从川藏公路进出藏旅游的游客。由于营地定位准确，2021 年上半年，该营地的营业额实现了井喷式上涨。

林芝市巴宜区鲁朗镇扎西岗村依托川藏公路发展家庭旅馆，如今全村几乎所有村民都投入特色家庭旅游业中，村里还投资兴建了洗车点、洗衣房、演艺厅、自行车租赁点等，培育起“网红”平措大叔，开发出“工布扎念弹唱发源地”等

房车、越野车营地

然乌湖

鲁朗镇

品牌形象，进一步吸引游客进村深度游。近年来，该村通过每年接待从川藏公路进出藏的游客，取得旅游收入数百万元。如今，全村有一半以上的家庭资产超过百万元，早早实现了脱贫摘帽。

不仅国省干线路域旅游业日渐红火，风光秀丽的西藏边境地区也随着农村公路通达率、通畅率的不断提升而成为国内外游客新的“打卡点”。近年来，到墨脱、玉麦、洛扎、亚东等边境县城旅游的各地游客越来越多。在平均海拔4500米的阿里地区，著名的冈仁波齐雪山脚下的普兰县巴嘎乡岗莎村近年来由于道路通畅，自驾游旅客一年比一年多。当地群众纷纷开办家庭旅馆，还利用自家牦牛投入旅游运输。如今，该村338户村民户均年收入达1.6万元以上，部分家庭年收入达20多万元。

据了解，“十三五”期间，西藏大力实施“四好农村路”建设，不仅实现了乡镇、建制村通达率达100%和99.96%，通畅率达93.7%和75.9%，还实现了全区所有县

在巴松措湖边经营民宿的当地群众

农村客运通到玉麦乡

拉萨市林周县农村公路

林芝市巴宜区鲁朗镇仲萨村农村公路

（区）和 476 个乡镇、2050 个建制村通了客车，提前实现具备条件的乡镇和建制村全部通客车目标。还建成等级客运站、乡镇综合客运服务站、招呼站 550 个，投入运营 1937 辆高原型客车。

“十三五”以来公路交通运输“毛细血管”的完善和延伸，使西藏旅游业日益向区内腹地、边地深度发展。据西藏文旅部门统计，“十三五”期间，全区累计接待国内外游客超 1.5 亿人次，完成旅游收入 2125.96 亿元，是“十二五”同期的 2.3 倍和 2.4 倍。

公路通到哪里，哪里的农牧民群众就投入特色旅游、特产经销、餐饮、运输等领域中，不再仅靠放牧或种地谋生。“十三五”期间，西

农村客运通达，百姓的笑容更甜了

藏社会消费品零售总额、住宿餐饮业增加值连续保持两位数增长。西藏的旅游业沿路兴起，带动城乡基础设施建设持续加速。随着小城镇建设和旅游扶贫产业项目持续开发，乡村人居环境不断改善。“十三五”期间，全区打造了具备旅游接待能力的乡村旅游点300多个、特色旅游小镇26个，开办家庭旅馆达到2377家。

公路交通的发展，极大地促进了交旅融合，有力地带动了西藏各地脱贫攻坚和乡村振兴。

城市交通

高原百姓与时尚同行

位于拉萨市的西藏阜康医院的主治医师杨女士每天上下班都乘坐公交车或出租汽车。这几年，她感觉到坐公交车越来越方便，除了可以用手机支付，在有了宽敞整洁的新能源公交车后，途中体验也越来越舒适。不仅如此，网约车的落地，让她在午夜下班时再也不愁打不到车了。

西藏交通运输部门始终坚持公交优先发展理念。拉萨市的公交车已全部更新为新能源车，并在城市道路设置了公交专用车道，调整优化了运行线路，使公交网络布局更加合理和人性化；日喀则市新组建的公交公司投入新能源公交车70辆，新增线路6条；山南、林芝等地正式启用“车来了”App，可用手机扫码或社保卡刷卡支付，大力推行“无忧”出行服务。

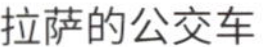

拉萨的公交车

拉萨公交车可手机支付车费

拉萨的出租汽车

为贯彻落实《西藏自治区人民政府办公厅关于深化改革推进出租汽车行业健康发展的实施意见》，进一步规范出租汽车经营行为，西藏交通运输部门还积极推进网约车“双合规”制度。目前，拉萨市有252辆网约车办理了营运证件，584人取得从业资格；日喀则、那曲、昌都等地相继开展了巡游出租汽车改革前期调研，并制定了工作方案。

西藏交通运输部门还积极推行便利老年人出行的兜底式保障服务。拉萨市推出公交老年卡，老年人可免费乘坐拉萨市内所有公交车，已惠及7万多名老人，累计刷卡量达9541.13万人次，日均老年人乘车3.6万人次。交通运输部门还督促落实巡游出租汽车电召服务，努力扩大“95128”服务覆盖面，推动网约车平台开通电话叫车服务，增设方便老年人使用的“一键叫车”功能；在客运站还设置了咨询服务处和绿色服务通道，协助老年人使用无人售票机服务。

网约车落地，出行越来越方便

西藏交通运输部门力争实现将拉萨市出租汽车、网约车、公交车监控系统接入政府平台动态监控系统，实现重点营运车辆统一监管，提升动态监管范围与安全防控能力。

“手机在手，出行无忧”，互联网技术的快速发展、信息化管理手段的不断完善、手机终端应用功能的日益丰富，也促使西藏各地城市公交系统和出租汽车、网约车运营越来越规范化，雪域高原各地百姓出行也日益畅享现代化新时尚。

转移就业

农牧民群众走上幸福路

“我到那曲至拉萨高速公路建设项目工作后，每个月能从工资中拿出 1 万多元孝敬父母。”25 岁的嘎玛洛卓从西藏大学交通运输专业毕业后，来到那拉高速公路建设项目就业，经过几年的一线历练，不仅成长为一名年轻有为的技术人员，还直接改善了家里的生活条件。

嘎玛洛卓在工地上

嘎玛洛卓非常珍惜这份工作，还动员自己的弟弟高考时也报考了交通运输专业。他期待着兄弟俩今后携手在交通运输领域打拼事业，更好地提高家里的生活水平。据了解，“十三五”期间，西藏交通运输行业立足自身优势和特点，共吸纳742名高校毕业生就业。

在西藏，脱贫攻坚既是经济问题，也是政治问题；既是民生问题，更是民族团结问题。“十三五”期间，西藏交通运输部门积极响应党中央决胜全面小康、决战脱贫攻坚的伟大号召，充分发挥行业优势，依托交通建设与发展，制定七项措施助力全区农牧民群众转移就业、彻底摆脱贫困，取得了明显成效。

一是明确政府投资400万元以下、农牧民施工企业（队）可承建的项目，交由农牧民施工企业（队）实施。

二是大力推广在公路建设项目中吸纳农牧民就业、租用当地机械，助力当地群众增收。

三是通过政策引导，在农村公路养护及抢险保通工作中积极吸纳沿线农牧民参与，并大幅增加农村公路公益性养护岗位。

四是确保具有就业意愿、从业资格和相关技术的农牧民群众参与农村客运和农村公路养护，实现就业增收。

五是选择重点项目作为本地建筑技能人才就业示范点，吸纳专业技术工人就业。

六是鼓励、带动农牧民学习公路建设等相关专业知识、技能，参加机械操作、运输驾驶等技能培训，以一技之长赢得就业机会。

七是制定优惠政策、创造便利条件，吸引农牧民在公路沿线服务区、停车区就业，或销售土特产品。

“十三五”期间，西藏交通运输行业累计实现农牧民转移就业58.69万人次，促进增收32.97亿元，实实在在地让群众从交通运输

农牧民在家门口的公路建设项目上就业

发展中长久受益。

不仅如此，随着交通运输的发展，公路沿线兴起的特色产业也为各地农牧民群众转变就业方式创造了全新的机遇。昌都市芒康县纳西乡民营企业藏东珍宝酒业有限公司利用当地种植葡萄的传统优势，大力发展现代化葡萄酒酿造业，通过“企业 + 协会 + 基地 + 农户”的模式，标准化种植葡萄 500 余亩，促进农牧民户均增收 8000 元，每年为当地农户提供临时就业岗位 700 多个，带动了当地经济发展。

“因为公路越来越好，我们的葡萄原料运输和产品运输的损耗率大幅度下降，企业的效益因此有所提升。”该企业有关部门负责人介绍，随着公路和物流业的发展，该公司的销售链已辐射到西藏所有地区，并发展到西藏以外的区域。公司正大力与电商平台合作，计划将产品销售到全国各地。

西藏不少地区的易地扶贫搬迁点也沿路兴建起来，许多偏远地区的农牧民群众集中迁移到公路边的“新村”定居，住上了整洁的楼房，用上了自来水，慢慢改变了生活习惯，继而改变了生产方式和就业模式。

雅卓幸福新村是昌都市左贡县田妥镇新建的易地扶贫搬迁点，318 国道穿村而过。这里共安置了田妥镇 13 个建制村的建档立卡户 133 户、674 人。该村依托国道交通优势，结合城镇化发展、乡村振兴和小康示范村建设要求，将易地搬迁与旅游服务业无缝对接，初步形成了“宜居、宜商、宜游、宜业”的格局。

村民丁增尼玛原是牧民，因为夫妻俩身体都不好，家境一直很贫困。自从搬迁到新村后，他发挥自己的制衣特长，加工的衣物和其他布艺制品品质好，又靠着离国道近的便利条件，获得了很好的销路，很快就实现了脱贫，还成为当地的脱贫先进个人。

据了解，他的邻居有的用自家的车辆到工程项目上投劳，有的沿国道边开起了商店、餐厅、宾馆，很多搬迁户传统的牧业收入，已成

在葡萄园工作的纳西乡村民

雅卓幸福新村

丁增尼玛成为当地的脱贫先进个人

为如今的“副业”收入。

易地搬迁点建到哪里，公路就通到哪里。“十三五”期间，西藏交通运输部门为391个易地扶贫搬迁集中安置点（区）解决了道路连接线畅通问题，全力支持全区“幸福新村”的发展，让农牧民群众从脚下实实在在地感受到社会主义制度的优越性。

强基惠民

真心实意为民解忧

开春的一天，墨脱县格当乡占根卡村会议室里，一场关于安排当地百姓车辆为某公路建设项目运输水泥的协商会正在召开。西藏自治区交通运输厅驻村工作队协调各方安排当地百姓的车辆参与工程建设，还细心地照顾到该村贫困户、有两个孩子的单亲妈妈索朗次珍的具体困难，为她争取到清洁员的工作，让她的生活有了保障。

这只是驻村工作队开展的无数惠民工作的一个点滴。西藏交通运输部门在促进农牧区群众转移就业

驻村干部组织当地村民观看党史影片

驻村干部与当地群众一起劳动

慰问老党员

过程中充分发挥行业优势，以驻村帮扶点为脱贫攻坚基地，带着感情和责任为民办实事、解难题。根据西藏自治区党委、政府和交通运输部脱贫攻坚的总体部署，自治区交通运输厅在“强基础、惠民生”干部驻村工作中，实施厅级干部根据分管业务片区包村督导脱贫攻坚，厅系统共 26 个驻村工作队队员全部下沉到最基层的贫困村开展驻村工作。

驻村干部因地制宜帮助所在村定位脱贫思路，扶持做强特色产业，带动群众脱贫致富。有的驻村工作队积极为当地的经济作物寻找销售渠道，使每户每年增收几千元；有的驻村工作队根据当地实情，利用相关政策资金改善当地农业生产条件。

截至目前，自治区交通运输厅系统共派驻 10 批、共 1000 多人次赴全区各地开展驻村工作。“十三五”

以来，交通运输厅系统驻村工作队共协助当地政府申报和落实相关项目 11 个、资金 536.93 万元，致力于拓宽农牧民群众脱贫致富增收的渠道；累计走访慰问贫困农牧民群众 8589 户，发放慰问金 293.4 万元；为贫困农牧民群众办实事解难事 1192 件，投入资金 1288.34 万元。

在脱贫攻坚主战场上，西藏交通人不辱使命，真心实意为民解忧，人民群众的安全感、幸福感和获得感不断增强。

铁空邮路路通

综合交通融合发展

“十三五”期间，西藏公路交通运输的建设发展促进了全区综合交通运输的融合发展，西藏的铁路、民航、邮政业的发展也取得了历史性成就，现代化综合交通运输体系初步形成。截至 2020 年年底：

全区铁路完成固定资产投资 365 亿元，运营里程达 954 公里，累计运送旅客 1817 万人次，运输货物 3511 万吨。

全区民航完成固定资产投资 33 亿元，西藏民航航线总数达 130 条，通航城市达 61 个，累计运送旅客 2484 万人次，货邮运输达 19.7 万吨。

全区共有邮政普遍服务网点

2021 年 6 月，复兴号动车组列车在西藏拉林铁路“开跑”（江飞波摄）

2021 年 7 月，航班落地拉萨贡嘎国际机场

珠峰脚下通快递

754个，快递服务许可企业37家，快递网点399个，实现乡镇及以上城市邮政网点全覆盖，建制村村邮站全覆盖，建制村快递服务全覆盖，建制村直接通邮比例达100%。全区邮政业务总量累计完成20.55亿元。

在党中央、国务院，自治区党委、政府以及交通运输部的坚强领导下，全国交通运输系统大力支持，广大援藏干部无私奉献，西藏交通人艰苦奋斗、顽强拼搏，西藏交通运输事业必将取得全新的发展成就，必将为建设团结富裕文明和谐美丽的社会主义现代化新西藏作出更大的贡献。

（刘步阳、冯涛、康维成）

“团结线”“幸福路”遍高原 西藏公路通车总里程达 12.07 万公里

记者从 7 月 7 日上午召开的西藏自治区党委宣传部新闻发布会上获悉，党的十八大以来，西藏交通运输发展取得重大成就，十年来，全区公路通车总里程由 6.52 万公里上升至 12.07 万公里。

党的十八大以来，西藏建成了一条条“团结线”“幸福路”，为助力全区脱贫攻坚取得决定性胜利并全面实施乡村振兴战略提供了有力保障，为西藏经济社会发展注入了蓬勃生机和强大活力，为推进西藏长治久安和高质量发展作出了历史性重大贡献。

交通运输投资创新高。从 20 余个规划的扎实实施到交通强国试点任务的稳步推进，自 2012 年至 2022 年 6 月底，全区累计完成交通

那曲河特大桥

林芝至拉萨高等级公路

运输固定资产投资 3399.49 亿元，其中，落实中央资金 2076.41 亿元（含车购税资金 1822.83 亿元）。“十三五”期间，西藏交通运输固定资产投资占全区固定资产投资总量的三分之一，“十四五”以来，交通运输固定资产投资持续保持增长态势，充分彰显出交通运输投资在全

国道 219 线一景

林芝至拉萨高等级公路

区经济社会发展中沉甸甸的“压舱石”作用。

密织内通外连公路网。2012年年底，西藏全区公路总里程仅为6.52万公里。党的十八大以来，西藏交通运输部门千方百计补短板，一心一意谋发展，截至目前，全区公路通车总里程已达12.07万公里。全国最后1个未通公路的县城墨脱县、全区最后1个未通公路的乡镇甘登乡通了公路，特别是“十三五”以来，西藏创造了年均增长公路通车里程8000多公里的高原奇迹。

高等级（高速）公路建设按下

国道219线上的“优美曲线”

卡达村至珠曲登村环线公路

“快进键”，从拉萨到林芝、山南、那曲的高等级（高速）公路陆续建成通车，拉萨到日喀则的高速公路建设进入集中攻坚阶段并不断取得新进展。全区高等级（高速）公路通车里程由2012年年底的38公里增加到目前的1105公里，以拉萨为中心的“3小时综合交通圈”正在加快形成。

普通国省道建设成效显著。党的十八大以来，全区共实施国省道建设项目140个，截至目前，已建成109个，川藏公路“通麦梗阻”等难题得到根本解决，国省道里程由2012年年底的1.25万公里增加到3.03万公里，年均增加近2000公里，普通国省干线公路升级改造成效显著。国边防公路建设快速推进，为强边固边奠定了坚实基础。

“十二五”末，全区公路密度仅为5.31公里/百平方公里，截至目前，全区公路密度已增长到9.78公里/百平方公里。西藏已基本形成了以拉萨为中心、区内外连通、地市间相连、县乡村通达的布局合理、功能完备的公路交通网络，国省干线公路“黑色化”率和技术等级不断提高，行车条件大为改善。

党的十八大以来，西藏高度重视“四好农村路”建设，广大农牧区交通条件发生了翻天覆地的变化，越来越多的百姓走上了沥青路、水泥路，告别了“晴天一身土、雨天两脚泥”的窘境，实现了“出门硬化路、抬脚上客车”的便利安全舒适出行梦，各族人民群众走在共同富裕的康庄大道上，获得感成色更足、幸福感更可持续、安全感更有保障。

这十年，西藏交通运输部门聚

焦服务脱贫攻坚，共实施新改建农村公路项目4306个，农村公路里程由2012年年底的5.32万公里增加到目前的9.04万公里，占全区公路通车里程的75%，通达深度、通畅水平全面提升。解决了375个乡镇、3479个建制村、500个抵边自然村的通畅问题，乡镇、建制村通达率达100%和99.96%，通畅率达94.4%和77.89%，为促进西藏实现整体脱贫、全面实施乡村振兴战略奠定了坚实基础。全区农村客运服务水平稳步提升，全区所有县（区）和501个乡镇、2295个建制村通客车，提前实现具备条件的乡镇和建制村全部通客车目标。

交通运输部门在“四好农村路”发展中，还主动加强与邮政、商务等部门和各地方政府的对接，积极探索“交邮”“交旅”融合发展之路，通过试点示范不断推进邮政快递、电商物流通过农村公路、农村客运向农牧区腹地延伸，带动和促进乡村旅游业沿着农村公路兴起和发展。“四好农村路”充分发挥出经济发展“毛细血管”的“微循环”作用，广大农牧区的生产条件和生活条件日益改善，越来越多的百姓实现了“车轮子转起来，钱袋子鼓起来”。

交通服务能力大幅增强。截至目前，西藏全区均实行了60岁以上老年人乘坐公交车免费政策，网约车在西藏落地运营，道路运输5项高频事项实现了“跨省通办”，从业人员办理资格证补发、换发、注销、信息变更以及诚信考核更加方便快捷。相继建成多个信息化系统，对重点路段、“两客一危”车辆实施动态监管。建立完善了12328交通运输服务监督电话系统，进一步畅通了服务渠道。十年来，全区累计完成道路客运量1.25亿人次、货运

日喀则市亚东县吉汝乡农村公路

山南市琼结县加麻乡的农村公路路况越来越好，孩子们上学不仅更安全，还告别了“晴天一身土、雨雪天一身泥”，家长更放心

西藏全区均实行了 60 岁以上老年人乘坐公交车免费政策

量 2.57 亿吨。

绿色发展深入人心。西藏交通运输部门悉心呵护高原上的每一寸土地、每一条河流、每一片草原和森林，在修路架桥、发展运输的过程中，严控对草场、河滩、林地的占用，以最强手段减少对植被的破坏和对野生动物的影响。大力推行节能减排新技术、新材料、新工艺的研究应用，严格执行环境保护各项政策，开展绿色交通示范试点建设。全区新能源公交车、新能源巡游出租汽车数量已达公交车、出租汽车总量的 85% 和 67%。通过加强对所有交通运输环节环保风险的管控，将水污染、声污染和空气污染等降至最低限度。

西藏自治区交通运输厅党委书记、副厅长达娃欧珠说，2022 年是党的二十大召开之年，也是“十四五”各项工作全面推进的关键之年，我们将主动担当作为，持续深入践行“老西藏精神”和“两路”精神，奋力开创新时代交通运输工作新局面，为建设团结富裕文明和谐美丽的社会主义现代化新西藏作出新的更大的贡献。

据介绍，2022 年，西藏公路交

林芝至拉萨高等级公路多布特大桥边停车区

结巴村通了公路，种植的大棚蔬菜外销更便利了

拉日高速公路

通运输计划完成投资216亿元。1月至6月，公路交通项目累计完成投资87.71亿元，占年度目标任务的40.61%。加快推动在建和计划开工的重点项目建设，同时加快推进G6京藏高速公路格尔木至那曲试验先导段建设等，并做好其他重大项目储备。加快川藏铁路配套公路建设进度，确保满足铁路主体工程建设进度和相关运输工作等要求。

截至6月底，全区公路交通运输行业累计复（开）工项目96个，复（开）工率46.83%。其中，续建项目复工65个，复工率87%。新建项目31个已开工，开工率23.85%，较上年同期基本持平。西藏公路交通运输领域共吸收9458位农牧民转移就业并增加劳务收入6377.24万元，通过租赁机械促进农牧民增加收入1.2亿元。

（袁泉、甄小龙、杨发）

2022 年 1 月 2 日 “西藏交通”微信公众号

西藏公路：围绕四件大事当好开路先锋

雪域高原近日迎来一场大风雪，西藏各地在极寒天气中告别了 2021 年，但在昌都、林芝，川藏铁路配套公路建设已开工项目的工地上，却是一派热火朝天的施工景象；拉日高速公路全线的隧道施工也在紧锣密鼓掘进中；全区农村公路建设正围绕着巩固脱贫攻坚成果同乡村振兴有效衔接的主题稳步推进……

在刚刚过去的 2021 年里，全区交通运输工作紧紧围绕稳定、发展、生态、强边“四件大事”，全面推动川藏铁路配套公路、高速公路、农村公路建设，浓墨重彩地书写了交通强国西藏篇章的开局佳作。

公路全力配合　确保川藏铁路顺利建设

2021 年 12 月 31 日，林芝市波密县松宗镇至多吉岔口段公路建设工地，各施工单位正紧张有序地开展路基、桥涵建设，目前工程

拉日高速公路

施工中的川藏铁路配套公路

总体进度已经过半。这段公路是川藏铁路配套公路项目之一。为全面保障川藏铁路建设顺利进行，已开工的配套公路工程在这个寒冬日夜施工。

川藏铁路配套公路项目共计 47 个，其中，国省干线项目 17 个、农村公路项目 30 个。截至 2021 年 11 月底，5 个国省干线项目和 16 个农村公路项目已开工建设，所有配套公路建设项目将于 2022 年全部开工，以确保川藏铁路这项世纪性战略工程建设顺利。

据了解，自 2021 年 6 月起，区交通运输部门就根据川藏铁路公司 TBM 设备（全断面隧道掘进机）的运输需求，陆续组织各专业力量全力投入保障 TBM 设备从格尔木出发经国道 109 线，最终运输至施工现场的工作中。

由于 TBM 设备运输路线长，为保障设备按时、安全、顺利进入组装场地，区交通运输厅启动了“川藏铁路（西藏段）配套公路工程国省道 TBM 运输通道内桥梁检测、评估、加固改造”和“国省道 TBM 运输通道节点改造”两个项目的建设，对运输通道内的 288 座桥梁进行了技术状况评定及承载能力评估，并于 7 月 24 日前，对承载能力评定为不通过的桥梁，完成了便道、便桥的修建工作，同时对国道 318 线色季拉山段困难路段进行了改造。

在保障 TBM 设备运输的前期工作中，路政执法部门还组织人员前往运输全路段进行实地考察及路况研判，并在运输全程进行护送。按照超重车辆过桥相关要求，根据桥梁承载能力评定结果，交通运输部门还制定了切实可行的过桥方案，同时组织沿线各公路养护段技术人员在超重车辆过桥时，现场观测记录桥梁位移、变形、裂缝变化等情况。厅各相关职能单位紧密配合，协同监管，克服了高寒缺氧、气候和路况恶劣、车流量大、冻土区路段病害复杂等困难，在保障道路正常通行的同时，在2021年顺利完成了两次TBM大件运输任务。

“TBM运输在全国首次通行了高速公路！”川藏铁路建设项目有关部门同志的兴奋之情溢于言表，这标志着川藏铁路建设关键装备的运输效率提高了十几倍，运输周期缩短了几个月。兴奋之余，他们向区交通运输厅送上了表达由衷谢意的锦旗。

下一步，区交通运输部门将进一步加快推进国省道TBM运输通道内的桥梁检测、评估、加固改造和运输通道节点改造，确保2022年TBM设备顺利运输至川藏铁路施工现场。

高等级公路　服务发展新格局

这个冬天，G4218拉萨至日喀则机场高速公路工程也在不间断地推进施工，这是西藏“十三五”公路交通规划的重点项目之一。经过两年又九个月的艰苦施工，这项工程的控制性工程拉萨段已于2021年2月1日建成通车、日喀则段已于2021年9月17日建成通车。

目前，这项工程正在进行中间段总计93.27公里的攻坚，建设者将克服高山深谷、不良地质带来的重重困难，陆续建成15个隧道和63座桥梁。计划在2022年年底，该工程的中段将完成全部路基工程和85%的路面工程、90%的桥隧工程。

在过去的一年里，随着G4218拉萨至日喀则机场高速公路控制性工程的建成，以及G6京藏高速公路那曲至拉萨段通车，全区高等级公路通车里程已达1105公里。这

拉日高速公路

施工中的拉日高速公路仁布隧道

拉日高速公路桥梁施工现场

已通车的“世界上海拔最高的高速公路”那拉高速公路

林拉高等级公路

个数字在内地可能平淡无奇，但在平均海拔超过 4000 米的西藏，就是人间奇迹。

据了解，“十四五”时期，西藏交通运输作为全区经济社会发展中基础性、先导性、战略性产业和重要的服务性行业，将为全区土地空间开发、产业梯度转移、城镇布局优化、经济贸易交流提供更加坚实的基础和有力保障。

到 2025 年，全区基本建成“便捷顺畅、协同融合、公平共享、安全绿色、保障有力”的现代化综合交通运输体系。基本建成区际多方式多线路连通、首府与市（地）多选择快速互联、市（地）便捷通达县城、乡村广泛覆盖、沿江沿景优美畅享、沿边抵边保障有力的综合立体交通网，有力支撑西藏“一核一圈两带三区”发展新格局。

农村公路　构建乡村振兴“四梁八柱”

加快构建乡村振兴“四梁八柱”，推进“四好农村路”建设，深化农村公路“放管服”改革，提升农村运输服务质量和水平……这是日前区交通运输厅党委专题召开的巩固拓展脱贫攻坚同乡村振兴有效衔接工作会议上明确的事项。

2021 年，区交通运输厅结合行业实际，制定下发了《2021 年巩固脱贫攻坚成果同乡村振兴有效衔接的工作要点》《“十四五”期加强农村公路建设管理更好服务巩固脱贫攻坚成果同乡村振兴有效衔接的通知》等文件，并全力做好“十四五”农村公路勘察设计和项目储备等工作。

在过去的一年里，区交通运输部门结合乡村振兴工作要求，大力推进全区“四好农村路”建设，各市（地）涌现出一批符合西藏实际的农村公路建设典型经验和做法：亚东县被交通运输部、财政部、农业农村部和国家乡村振兴局联合命名为全国“四好农村路”示范县，噶尔县典型经验做法在全国“四好农村路”现场会上做了推广。

2021 年，全区农村公路建设完成年度任务目标的 120.26%，新增 5 个乡镇、67 个行政村通硬化路，实现全区 94.55% 的乡镇和 77.94% 的行政村通硬化路。

过去的一年里，农牧区百姓走上了更多硬化路，坐上了更多平安车。2021 年，全区实现新增 23 个乡镇、175 个建制村通客车，全面完成年度通客车目标任务。这不仅意味着高原儿女便利出行的梦想更好地得以实现，也代表着脱贫攻坚的成果得到根本巩固。

下一步，西藏交通运输部门将认真贯彻自治区党委、政府的决策部署，聚焦交通运输服务巩固脱贫攻坚成果同乡村振兴有效衔接总目标，推动建立布局合理、连接城乡、安全通畅、服务优质、绿色经济的农村公路网络，为服务巩固脱贫攻坚成果同乡村振兴有效衔接当

农村公路

农村公路

好先行。

据西藏自治区交通运输厅厅长徐文强介绍，“十四五”期间，全区将在进出藏大通道建设上实现突破；“强边”目标大大向前迈进一步，加快推进剩余乡镇、建制村及抵边自然村通硬化路建设，到 2025 年实现 100% 的乡镇和 90% 以上的建制村通硬化路。

徐文强表示：“西藏交通运输部门将全面贯彻落实自治区第十次党代会精神，在高起点上实现高质量发展，为建设社会主义现代化新西藏当好开路先锋，以优异成绩迎接党的二十大胜利召开！”

（刘步阳）

西藏公路通车里程达 12.07 万公里

记者从西藏自治区党委宣传部新闻发布会上获悉：党的十八大以来，西藏交通运输发展取得重大成就，全区公路通车总里程由 6.52 万公里上升至 12.07 万公里。

“十二五”末，西藏公路密度仅为 5.31 公里 / 百平方公里，目前已增长到 9.78 公里 / 百平方公里，基本形成了以拉萨为中心、区内外连通、地市间相连、县乡村通达的布局合理、功能完备的公路交通网络。特别是“十三五”以来，西藏创造了年均增长公路通车里程 8000 多公里的高原奇迹。自 2012 年至 2022 年 6 月底，全区累计完成交通运输固定资产投资 3399.49 亿元。

全区高等级（高速）公路通车里程由 2012 年底的 38 公里增加到目前的 1105 公里，以拉萨为中心的“3 小时综合交通圈”正加快形成。2022 年 1—6 月，西藏公路交通项目累计完成投资 87.71 亿元，占年度目标任务的 40.61%。

（袁泉）

林拉高速公路互通

2022 年 7 月 8 日　中国新闻网

西藏十年完成交通运输固定资产投资近 3400 亿元

西藏自治区官方 7 日在拉萨举行新闻发布会，介绍西藏十年来交通运输事业发展情况。西藏自治区交通运输厅党委书记、副厅长达娃欧珠称，2012 年至 2022 年 6 月，西藏累计完成交通运输固定资产投资 3399.49 亿元。高原民众出行告别“晴天一身土、雨天两脚泥”。

达娃欧珠说，2012 年年底，西藏公路总里程仅为 6.52 万公里。截至目前，西藏公路通车里程已达 12.07 万公里。这十年，中国最后一个未通公路的县城墨脱县、西藏最后一个未通公路的乡镇甘登乡均实现通公路。

他说，西藏高等级（高速）公路建设按下“快进键”。全区高等级（高速）公路通车里程由 2012 年年底的 38 公里，增加到目前的 1105 公里，以拉萨为中心的“3 小时综合交通圈”正加快形成。

发布会还透露，西藏十年完成道路客运量 1.25 亿人次、货运量 2.57 亿吨。全区拥有 7000 多名公路养护职工，保障着雪域高原路网畅通以及民众出行和物资运输安全。

西藏交通运输部门践行绿色发展理念。在修路架桥、发展运输过程中，严控对草场、河滩、林地的占用。全区新能源公交车、新能源巡游出租汽车数量已达公交车、出租汽车总数的 85% 和 67%。

西藏自治区交通运输厅综合规划处副处长次仁旺姆说，2022 年，西藏公路交通运输计划完成投资 216 亿元，实施 171 个农村公路项目，解决 213 个行政村通硬化路问题。

她说，2022 年 1—6 月，西藏公路交通运输领域共吸收 9458 位农牧民转移就业，增加劳务收入 6377.24 万元；通过租赁机械，促进农牧民增加收入 1.2 亿元。

（江飞波）

党的十八大以来
西藏交通事业实现跨越式发展

7 日上午，记者从西藏自治区人民政府新闻办公室举行的新闻发布会上获悉，党的十八大以来，西藏自治区在交通运输建设、管理、养护、运营等各项事业上实现了跨越式大发展，为助力全区脱贫攻坚取得决定性胜利并全面实施乡村振兴战略提供了有力保障，也为西藏经济社会发展注入蓬勃生机和强大活力。

彰显“压舱石”作用，交通运输投资创新高

党的十八大以来，西藏交通运输行业坚持需求引领、规划先行，从抓好顶层设计入手，在雪域高原上倾情描绘出纵横交错、四通八达的综合交通运输发展蓝图，从 20 余个规划的扎实实施到交通强国试点任务的稳步推进，自 2012 年至 2022 年 6 月底，西藏全区累计完成交通运输固定资产投资 3399.49 亿元，其中，落实中央资金 2076.41 亿元（含车购税资金 1822.83 亿元）。仅“十三五”期间，西藏交通运输固定资产投资就占全区固定资产投资总量的三分之一。“十四五”以来，交通运输固定资产投资持续保持增长态势，充分彰显出交通运输投资在全区经济社会发展中沉甸甸的“压舱石”作用。

践行“先行官”使命，密织内通外连公路网

2012 年年底，西藏全区公路总里程仅为 6.52 万公里。党的十八大以来，西藏交通运输部门千方百计补短板，一心一意谋发展，充分发扬“两路”精神和“老西藏精神”，克服一切困难苦干实干。截至目前，全区公路通车总里程已达 12.07 万公里，奋力开创了公路建设跨越式发展的新局面。这十年，全国最后一个未通公路的县城墨脱县、全区最后一个未通公路的乡镇甘登乡通了公路，特别是“十三五”以来，西藏创造了年均增长公路通车里程 8000 多公里的高原奇迹。

普通国省道建设成效显著。党的十八大以来，西藏全区共实施国省道建设项目 140 个。截至目前，已建成 109 个，川藏公路“通麦梗阻”等难题得到根本解决，国省道里程由 2012 年年底的 1.25 万公里增加到3.03万公里，年均增加近2000公里，普通国省干线公路升级改造成效显著。国边防公路建设快速推进，为强边固边奠定了坚实基础。“十二五”末，全区公路密度仅为5.31公里/百平方公里，截至目前，全区公路密度已增长到9.78公里/百平方公里。

激发“微循环”活力，农村公路助力乡村振兴

党的十八大以来，西藏自治区高度重视“四好农村路”建设，广大农牧区交通条件发生了翻天覆地的变化，共实施新改建农村公路项目4306个，农村公路里程由2012年年底的5.32万公里增加到目前的9.04万公里，占全区公路通车里程的75%，通达深度、通畅水平全面提升。解决了375个乡镇、3479个建制村、500个抵边自然村的通畅问题，乡镇、建制村通达率达100%和99.96%，通畅率达94.4%和77.89%，分别较“十二五”末提高了53.5个和63.6个百分点。

唱响民生“主旋律”，交通服务能力大幅增强

国省道设养里程与2012年年底的1.11万公里相比，增长1.9万公里，全区公路铺装路面里程达4.95万公里，增长4万公里；实施养护大中修工程2471公里，政府采购机械设备625台（套），公路服务设施109个，改造危桥442座/2.39万延米，完成安全生命防护工程2.32万公里，创建“美丽公路”1909公里。截至目前，全区七市（地）均实行了60岁以上老年人乘坐公交车免费政策，网约车在西藏落地运营，道路运输5项高频事项实现了“跨省通办”，从业人员办理资格证补发、换发、注销、信息变更以及诚信考核更加方便快捷。十年来，全区累计完成道路客运量1.25亿人次、货运量2.57亿吨。

西藏自治区交通运输厅党委书记、副厅长达娃欧珠指出，党的十八大以来的这十年，是西藏交通运输事业发展最快、最好的十年，也是交通运输助力全区经济社会高质量发展、惠及雪域高原各族人民群众最见成效的十年。

“2022年是党的二十大召开之年，是贯彻落实自治区第十次党代会精神的开局之年，也是‘十四五’各项工作全面推进的关键之年，交通运输任务艰巨、使命光荣。”达娃欧珠说。

（达穷、华旦尼玛）

2022 年 7 月 16 日　中国西藏网 

西藏公路高质量发展助力民生改善

近日，西藏自治区党委宣传部在新闻发布会上宣布，党的十八大以来，西藏交通运输发展取得重大成就，西藏全区公路通车总里程由 6.52 万公里上升至 12.07 万公里。据了解，“十二五”末，西藏公路密度仅为 5.31 公里 / 百平方公里，目前已增长到 9.78 公里 / 百平方公里。

交通运输不但是西藏经济发展的前提，也是社会和谐稳定的保障，更是国防安全的基础和民族团结的桥梁。合理的公路布局和快速发展的公路建设，为西藏的经济发展提供了强大的动力。据 2022 年的西藏自治区政府工作报告显示，那拉高速公路建成通车、拉日高速公路进展顺利，乡村公路通达率分别达 100% 和 99.96%，公路通车总里程 12 万公里……我们从这一组数据可以看出，西藏在基础设施的建设与布局上发挥了有效投资的关键作用，强化土地、用能、环评等保障，全面加快了基础设施建设，有效地促进了当地经济发展。从全局看，西藏自治区在交通运输建设、管理、养护、运营等各项事业实现了跨越式发展，为助力全区脱贫攻坚取得决定性胜利并全面实施乡村振兴战略

那拉高速公路羊八井 2 号隧道

提供了有力保障，为西藏经济社会发展注入勃勃生机与活力。

2013 年 10 月，墨脱公路贯通运营。全长 117 公里的路程，给墨脱百姓带来了实惠与便利。据统计，墨脱农牧民人均可支配收入从 2012 年的 4875 元提升至 2021 年的 15278 元；2019 年年底，墨脱与西藏其他 73 个县（区）一起实现脱贫，历史性消除绝对贫困；通路之后，不少背夫购买了货车、皮卡、挖掘机等，从事运输或基建行业，收入更高了……

那曲市色尼区古露镇俄玛村村民索罗一家，得益于那拉高速公路的修建，在工地干活，积累了一点本钱后，开起了茶馆和旅馆，收入翻了几番。由于那拉高速公路全线贯通后，串联并整合羊八井地热温泉、廓琼岗日冰川、念青唐古拉山、纳木措等景区，头脑灵活的索罗又有了买车跑旅游客运的好主意……

在这些故事的背后，我们看到的是国家不断加大对西藏基础设施的投入和科学治理。据统计，2021 年西藏累计落实中央资金 276.95 亿元加快公路交通网络建设。西藏交通从“乱石纵横、人马路绝、艰险万状、不可名态”的状态变成了通途。

目前，西藏全区高等级（高速）公路通车里程由 2012 年年底的 38 公里增加到目前的 1105 公里，以拉萨为中心的“3 小时综合交通圈”正加快形成。基本形成了以拉萨为中心、区内外连通、地市间相连、县乡村通达的布局合理、功能完备的公路交通网络。据悉，自 2012 年至 2022 年 6 月底，西藏全区累计完成交通运输固定资产投资 3399.49 亿元。

党的十八大以来，西藏的交通、能源、水利、通信等基础设施建设得到了极大改善，西藏的经济发展动能强劲，生活在雪域高原的群众收获了满满的获得感。可以预见，未来的西藏必定更美。

（王东）

格桑花开又一年

2021 年 7 月，西藏和平解放 70 周年之际，习近平总书记来到西藏，祝贺西藏和平解放 70 周年，看望慰问西藏各族干部群众，给各族干部群众送去党中央的关怀。一年来，西藏各族干部群众牢记总书记嘱托，抓住发展机遇，完善基础设施建设，增进民生福祉，奋力谱写雪域高原长治久安和高质量发展新篇章。

交通网铺就幸福路

7 月 9 日，拉萨至日喀则高速公路二期首座特长隧道——仁布隧道双线贯通，通车的日子更近了。“将来无论是外出参展销售，还是外地客商来合作社参观采购，路途时间都会大大缩短。”日喀则市仁布县贡举藏文化特色产业农民专业合作社负责人朗多对高速公路通车充满期待。

2012 年至 2022 年 6 月底，近 3400 亿元资金投入高原交通领域。截至目前，西藏公路通车总里程已超 12 万公里。

从北到南，从东向西，连接西藏那曲、山南、林芝、日喀则的高等级公路在拉萨交会，以拉萨为中心的“3 小时综合交通圈”正加快形成。在 2021 年年底召开的经济工作会议上，西藏自治区主席严金海表示，要把以拉萨为中心的“3 小时综合交通圈”打造成全区最具发展活力、最具竞争力、最具影响力、综合实力最强的区域经济圈，构建全区重要增长极。

高速穿越山河，复兴号疾驰大地，空中金桥飞架 68 座城市，农牧区扬灰路、泥巴路变成了柏油路、水泥路。如今，西藏交通事业飞速发展，逐步建立起涵盖公路、铁路、航空等的综合立体交通网络。

“路通了，我们有机会走出大山享受更好的医疗服务，孩子们有机会接受更好的教育，各种生活用品也不再靠人背马驮，大大改善了我们的生活水平。”家住全国最后一个通公路的县——墨脱县背崩乡的村民白玛次仁说。

奋力推动高质量发展

7 月 16 日，重庆“万人游昌都”旅游直通车首发，这是重庆市文化旅游委联动昌都市旅游发展局

段全长17.481公里，包括5座大桥、2条隧道，以及8公里左右的路基，桥隧比重达到71%。

五曲雅江大桥地处高原峡谷地带，地质复杂，跨雅江边而建，落差较大，桩基施工难度大，飘石较多。桥墩主跨径为81米+150米+81米，桥墩高度为60米（约为20层楼房的高度）。大桥与昂嘎隧道直接相连，施工难度很大。“G4218雅叶公路拉日段第七标段施工进度已完成55%，五曲雅江大桥预计2022年10月底合龙，该项目双线贯通预计到2023年11月底。”武旭东说。

昂嘎隧道

24小时不停工3班倒

与五曲雅江大桥相连的是昂嘎隧道，背后就是普当隧道。两个隧道紧挨着，中间相隔几十米。记者经过109国道旁边雅江上的一座钢架桥，盘山而上，看到普当隧道口有一个小型停车场，洞口停放着各种机械设备。

“这里的停车场原来是一道沟壑，为方便施工，这条沟壑就被填平了。”施工人员介绍说，春节期间，昂嘎隧道并未停工，工人24小时3班倒。不过，隧道内施工作业面多，施工难度更大，隧道内地质情况更为复杂。刚开始建设时，普当隧道内遇到了山体水系裂缝，成了水帘洞。多台抽水机同时工作，连续抽水多日，才将洞内的水抽干。

昂嘎隧道全长2880米，洞内设计为分离式双向四车道隧道，设计速度100公里/时。截至目前，昂嘎隧道建设进度已过半，预计到

那拉高速公路

2024年3月底建设完成。据李润芝介绍，隧道地处高原峡谷地带，地质复杂，变化无常，影响现场施工进度。因此，施工方开展了低湿度大温差区域桥隧混凝土品质提升关键技术研究。

西藏地区公路建设受地形、地质以及环境的影响，工程建设中将面临许多前所未有的技术难题。G4218雅叶高速拉日段项目在施工过程中开展"低湿度大温差区域桥隧混凝土品质提升关键技术"课题研究，对西藏地区桥隧混凝土的施工性、抗裂性、耐久性和使用性提升具有重要的指导作用，对保证公路建设质量起到关键作用。

武旭东介绍，在G4218雅叶高速拉日段第七标段现场，有近千人在施工。大多数施工人员来自四川、重庆、云南等地，其中20%左右的施工人员为当地人。疫情期间，所有进藏人员已到属地政府防疫办登记报备，禁止中高风险地区人员进藏来工地上班。来自低风险地区的施工人员必须持有核酸检测报告，登记查验"藏易通"健康码和行程码，自行隔离至规定期限后方可走进工地。施工期间，工人无故不出施工驻地区域、定期对驻地进行消毒消杀等措施，确保了施工期间的人员安全。

G4218雅叶高速拉日段

预计2024年3月底全线贯通

据李润芝介绍，G4218雅叶高速拉日段项目整体分为控制性工程和中间段工程。其中，控制性工程2019年3月开工，于2021年1月22日完成交工验收，现已进入试运行阶段；中间段工程于2020年6月20日开工，计划于2024年3月建设完工，达到全线贯通条件。其中，G4218雅叶高速拉日段中间段工程计划2022年路基工程完成100%，路面工程完成85%，桥梁工程完成90%，隧道工程完成90%，计划累计完成中间段工程总投资189.1亿元的91%。

"G4218雅叶高速拉萨至日喀则机场公路是西藏'十三五'公路交通规划项目之一，连接拉萨市和日喀则市，形成拉萨辐射藏西地区的纽带，是通往日喀则市和阿里地区的快速运输大通道。该项目的建设对完善我区路网结构，改善进出藏通道的行车条件，巩固国防、促进沿线经济社会发展，实现以拉萨为中心的'3小时综合交通圈'，改善少数民族地区生产、生活条件等具有重要的意义。"李润芝说。

（张雪芳）

2022 年 7 月 10 日　中国新闻网

西藏拉日高速二期首座特长隧道仁布隧道实现双线贯通

7 月 9 日，中国中铁四局雅叶高速公路拉萨至日喀则段（简称拉日高速公路）仁布隧道左线顺利贯通，这是继 2022 年 5 月 18 日以来仁布隧道右线贯通后，另一条隧道左线完成贯通。至此，仁布隧道实现双向贯通。作为拉日高速公路中间段工程的重难点，仁布隧道的顺利贯通，也意味着拉日高速公路中间段工程取得又一重大进展，为全线按期建成通车奠定了基础。

据悉，拉日高速公路工程于 2020 年 6 月 20 日开工，全长 166.75 公里，起自拉萨市曲水县协荣互通，接拉萨至贡嘎机场公路，止于日喀则机场南侧江当村，接日喀则机场至日喀则公路。主线采用双向四车道高速公路标准建设，设计速度 100 公里 / 时。该工程计划于 2023 年年底完成主体工程，2024 年完成交工验收。

拉日高速公路中铁四局承建的十二标段全长 22.2 公里，现已完成 80%。仁布隧道位于日喀则市仁布县境内，属高山峡谷地貌，为暗挖、双线隧道。其中左线长 3380 米、右线长 3355 米，属特长隧道，采用上下台阶法开挖，通过配备高压氧舱和高原专用风机、及时进行设计变更、严格控制隧道进尺、加

图为拉日高速公路仁布隧道贯通仪式现场（张正荣摄）

图为拉日高速公路仁布隧道贯通仪式现场（张正荣摄）

强抽排水、加强值班和排查等措施，解决了高原隧道地质条件差、洞内缺氧、粉砂地质塌方、阶段性涌水较大的难题。中铁四局十二标项目部紧紧围绕工程建设目标，发扬“两路”精神，攻克了一道道技术难题，解决了一个个施工干扰，最终历时两年圆满完成仁布隧道双线贯通任务。

拉日高速公路指挥部总工程师李仲介绍，拉日高速公路中间段计划 2022 年完成产值 50 亿元，目前已完成产值 24.33 亿元。路基工程计划 2022 年全部完工；桥梁工程下部结构计划 2022 年内全部完成，上部结构预制梁架设完成 90%，全线 8 座连续钢桥计划年内合龙 5 座；隧道工程共计 15 座，计划在 2022 年贯通 13 座；计划完成机电和房建工程招标工作，下半年达到进场条件与土建工程同步施工。

（扎西曲措）

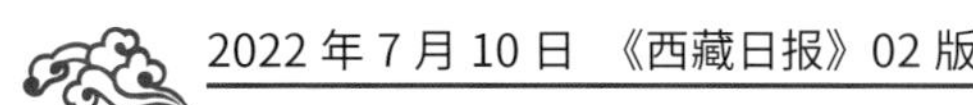
2022 年 7 月 10 日 《西藏日报》02 版

拉日高速二期首座特长隧道双线贯通

7 月 9 日 16 时，由中铁四局承建的雅叶高速公路拉萨至日喀则段（简称拉日高速公路）仁布隧道双线贯通，标志着拉日高速公路中间段工程取得又一重大进展，为全线按期建成通车奠定了基础，同时也为在藏施工的其他隧道提供了经验参考。

记者了解到，拉日高速公路二期工程为中间段工程，自茶巴拉服务区至大竹卡村，下穿拉日铁路，跨越雅鲁藏布江，总长度为 91.11 公里，桥隧比高达 71.64%，有特长隧道 8 座、跨雅鲁藏布江大桥 6 座，建设难度较大。截至 2022 年 7 月 8 日，中间段工程已累计完成计划投资的 61.28%，2022 年已完成产值 24.33 亿元，下半年计划完成产值 25.67 亿元。仁布隧道是拉日高速公路中间段工程首座贯通的特长（3000 米以上）隧道，也是中间段工程的施工重难点。该隧道位于日喀则市仁布县境内，属高山峡谷地貌，地质条件复杂多变，为暗挖、双线隧道，其中左线长 3380 米、右线长 3355 米，采用上下台阶法开挖。中铁四局雅叶高速公路拉日段十二标段项目部紧紧围绕工程建设目标，发扬“两路”精神，攻克了一道道技术难题，解决了一个个施工干扰，最终历时两年圆满完成仁布隧道双线贯通任务。

“我们在施工过程中通过配备高压氧舱、高原专用风机等措施，解决洞内缺氧问题，保障施工人员身体健康；通过设计变更，解决了隧道进洞地质条件差、多属粉砂地质易塌方的难题；通过严格控制隧道进尺、加强抽排水、加强值班和排查等措施，解决了高原隧道地质条件差、阶段性涌水较大的难题。”中铁四局雅叶高速公路拉日段十二标段项目经理胥克明说，“下一步我们将继续强化安全质量意识，科学组织施工生产，自我加压、攻坚克难，确保今年年底主体工程全部结束，争取提前半年全部完工。”

据胥克明介绍，中铁四局承建的十二标段全长 22.2 公里，截至目前，拉日高速公路十二标段项目两桥两隧重难点工程已完成 3 个，产值已完成 80%。

拉日高速公路施工现场

拉日高速公路工程项目指挥部总工程师李仲表示，拉日高速公路二期工程路基工程计划2022年全部完工，桥梁工程下部结构计划2022年全部完成，上部结构预制梁架设完成90%，全线8座连续钢桥计划年内合龙5座，隧道工程计划在2022年贯通13座，路面工程建站完成，备料达到70%。

（杨小娟）

2022 年 5 月 10 日　中国新闻网

西藏高等级公路
首次对货运车辆开放试运行

西藏自治区交通运输厅 5 月 10 日介绍，经西藏自治区政府批准，5 月 9 日起，G4218 林芝至拉萨高等级公路工布江达至拉萨段 255 公里对货运车辆开放试运行。此举为西藏首次，标志着西藏结束了高等级（高速）公路不允许货运车辆通行的历史，将进一步提升西藏综合交通运输网络运输效率、降低物流成本，实现“货畅其流”。

“过去送货一天跑两趟，今天争取多跑一趟！”5 月 9 日当天，拉萨市堆龙德庆区建材市场货车司机郭忠文首次体验驾驶货车上林拉高等级公路。他说，单趟可以节约三分之一的路途时间，而且行驶更加安全。

西藏自治区交通运输厅介绍，此次 3 个月的试运行期间，将允许货运车辆从林拉高等级公路的拉萨进出口以及墨竹工卡、工布江达互通口出入，其余互通口只允许驶出。其他符合高等级公路行驶条件的社会车辆可正常通行。

西藏自治区交通运输综合行政执法总队副总队长江松介绍，他们提前统筹安排，对林拉高等级公路上的 2 个固定超限检测站和沿线 11 处互通口的非现场执法系统进行了检查和调试，确保治超设施和

5 月 9 日，货运车辆在 G4218 林芝至拉萨高等级公路上（阿旺洛桑摄）

5 月 8 日，G4218 林芝至拉萨高等级公路多布湖路段（江飞波摄）

5 月 2 日，货运车辆在国道 318 线日喀则段通行。西藏交通运输部门称，下一步将开放其他高等级公路（江飞波摄）

货运车辆通行路段的 14 套非现场执法系统运行正常。至 5 月 10 日 17 时，共检测货运车辆 557 辆，其中超载车辆 24 辆、超限车辆 4 辆、危化品运输车辆 4 辆，交通执法人员对上述车辆驾驶员进行了教育和劝返卸载等。试点工作开展以来，林拉高等级公路运行安全、顺畅。

值得一提的是，目前西藏高等级（高速）公路为免费通行。截至 2021 年年底，西藏已建成通车高等级（高速）公路 7 条，共 1105 公里。

据悉，下一步西藏交通运输部门将本着“成熟一条、开放一条、积累经验、稳步推进”的原则，在总结此次试运行经验的基础上，根据 G6 京藏高速公路那曲至拉萨、G349 泽当至贡嘎、G4218 拉萨至日喀则高等级（高速）公路相关配套设施建设推进情况，实现逐条稳步开放货运车辆上高等级（高速）公路的目标。

（刘步阳、张雪芳、江飞波）

2022 年 5 月 18 日 《中国交通报》001 版

西藏高等级公路试跑货车

“过去送货一天跑两趟，今天争取多跑一趟！”5 月 9 日，西藏自治区拉萨市堆龙德庆区建材市场的货车司机郭忠文心情格外愉悦，他首次开着货车驶上林拉高等级公路。郭忠文跑货运有几年了，过去一直走普通国省道，如今能走一段高等级公路到送货点，单趟可以节约三分之一的运输时间。

据西藏自治区交通运输厅消息，5 月 9 日 8 时，林芝至拉萨高等级公路工布江达至拉萨段 255 公里对货运车辆开放试运行，标志着西藏结束了高等级（高速）公路不允许货运车辆通行的历史。试运行首日，交通执法、公路养护、服务区等单位工作人员坚守岗位、全力服务，保障货运车辆依法、安全、顺畅通行。

因公路功能定位等原因，此前林拉高等级公路出入口未设置货车检测、称重等运营管理场站和设备，

墨竹互通

加上管理机构和人员不足等，不具备货运车辆上路条件。货车从318国道往返拉萨和林芝，单程运输时间至少6个小时，走高等级公路，不仅能节约3个小时左右的运输时间，还可节省不少燃油费和车辆维修费。

为期3个月的试运行期间，货运车辆可从林拉高等级公路拉萨进出口以及墨竹工卡、工布江达互通口出入，其余互通口只允许驶出。待林拉高等级公路全线可通行货运车辆后，拉萨至林芝之间的货运物流成本将进一步降低，综合交通运输网络的运行效率将大幅提高。

西藏自治区交通运输综合行政执法总队副总队长江松介绍，根据自治区交通运输厅统筹部署，执法人员提前对林拉高等级公路上的2个固定超限检测站和沿线11处互通口的非现场执法系统进行了检查和调试，确保治超设施和货运车辆通行路段的14套非现场执法系统运行正常。

为确保货运车辆安全通行林拉高等级公路，工布江达高速公路养护中心提前施划了必要的交通标线，请第三方对重要桥梁进行检测，对沿线大型标志标牌进行了增设与更换。墨竹工卡高速公路养护中心提前更换了中央隔离带活动式钢护栏，修复、更换了附属设施等。

“林拉高等级公路沿线的7个服务区为过往驾乘人员提供饮用水、如厕、停车等服务。”据西藏交发工贸高速公路服务管理有限公司甘丹寺服务区负责人张开军介绍，甘丹寺服务区是这条路上最大的服务区，停车场单边可同时停放100辆车，双边则可同时停放80辆大型货车。服务区内的休息大厅、超市、快餐店也可满足过往驾乘人员的基本需求。下一步，甘丹寺服务区将配置带独立卫生间的客房，为过往驾乘人员提供更加便利、优质的“高速驿站”服务。

（刘步阳、张雪芳）

2022 年 5 月 9 日 《西藏商报》A02 版

林拉高等级公路对货运车辆开放试运行

经西藏自治区人民政府批准，自 5 月 9 日 8 时起，G4218 林芝至拉萨高等级公路工布江达至拉萨段（K1621+300~K1876+737）共 255 公里路段对货运车辆开放试运行，为期 3 个月。此举标志着西藏结束了高等级（高速）公路不允许货运车辆通行的历史，从而进一步提升西藏综合交通运输网络运输效率、降低物流成本，实现“货畅其流”，为促进西藏经济社会发展提供更高质量的交通运输服务。

试运行期间，将允许货运车辆从林拉高等级公路的拉萨进出口以及墨竹工卡、工布江达互通口出入，其余互通口只允许驶出。其他符合高等级公路行驶条件的社会车辆可正常通行。

为保障货运车辆通行安全，交通运输部门、公安交管部门在前期工作中对试运行路段进行了交通安全隐患排查，增加了交通安全标志标牌和公路 F 形情报板，推进了路警联合执法和执法数据共享等工作。为实现“货车必检，超限禁入”的严格管控，交通运输部门在林拉高等级公路拉萨进出口处设置了超限检测站，在试运行路段设置了 14 个非现场执法系统，加快了治超联网平台建设进程，并对执法人员进行了培训。试运行期间，交通执法部门和公安交管部门将进一步加大联合执法力度，以全面加强对违法行驶、超限超载运输的治理以及应急救援的高效联动，确保货运车辆上路后，公路、车辆的安全运行。

此次林拉高等级公路开放货运车辆上路通行的试运行路段，不包括林芝至工布江达的 150 公里左右路段。据悉，这段路是林拉高等级公路一期工程，已建成通车 7 年。近期交通运输部门正组织专业技术人员对沿线桥梁、隧道等结构物进行全面检测，对各出入口非现场执法系统进行相关测试，检测、测试完成后还要进行必要的维修保养，全部工作完成后力争尽快实现林拉高等级公路全线通行货运车辆。

根据西藏自治区党委政府的决策部署，下一步，西藏交通运输部门将本着“成熟一条、开放一条、

米瑞互通

积累经验、稳步推进”的原则，在总结林拉高等级公路开放货运车辆上路试运行经验的基础上，根据G6京藏高速公路那曲至拉萨、G349泽当至贡嘎、G4218拉萨至日喀则高等级（高速）公路相关配套设施建设推进情况，实现逐条稳步开放货运车辆上高等级（高速）公路的目标。

截至2021年年底，西藏自治区已建成通车高等级（高速）公路7条、1105公里。其中，拉萨至贡嘎机场、巴宜区至米林机场、昌都至加卡3条机场专用公路，因公路功能定位原因，在公路出入口未设置货车检测、称重等运营管理场站等配套设备，所以不具备货运车辆上路条件；G4218林芝至拉萨、G6那曲至拉萨、G349泽当至贡嘎、G4218拉萨至日喀则（控制性工程已建成通车、中间段工程在建）高等级（高速）公路已规划建设货车检测、称重等运营管理场站等配套设备，其中，G4218林芝至拉萨高等级公路（不含林芝至工布江达段）相关配套设施已基本完成，具备货运车辆通行条件。

（刘步阳、张雪芳、娄梦琳）

因路而兴　雪域大地谱新篇

2021 年 6 月 26 日　央视新闻客户端

续写“两路”精神 让发展的“大动脉”越来越强健有力

习近平总书记在川藏、青藏公路建成通车 60 周年时作出专门批示指出，这两条公路的建成通车，是在党的领导下新中国取得的重大成就[①]。牢记总书记嘱托，沿线干部群众传承“两路”精神，让发展的“大动脉”越来越强健有力。

川藏公路东起四川成都，西至西藏拉萨，分为南北线，北线全长约 2400 公里，南线全长约 2100 公里。青藏公路东起青海西宁，西至西藏拉萨，通车里程 1931 公里。

当年，为修建川藏、青藏公路，3000 多名英烈捐躯高原。而今，穿行在崇山峻岭之间的进藏公路，依然会看到很多筑路遗迹，向人们诉说着当年的故事。在西藏八宿县，这里已经建成第三代怒江大桥，而在它的旁边，一座老桥墩始终矗立，往来车辆经过时，时常会鸣笛致敬。当年一位十八军战士修桥时不慎掉入了浇筑的桥墩中，成为永恒的纪念碑。

①参见:《习近平就川藏青藏公路建成通车 60 周年作出重要批示》,《人民日报》,2014 年 8 月 7 日 01 版。

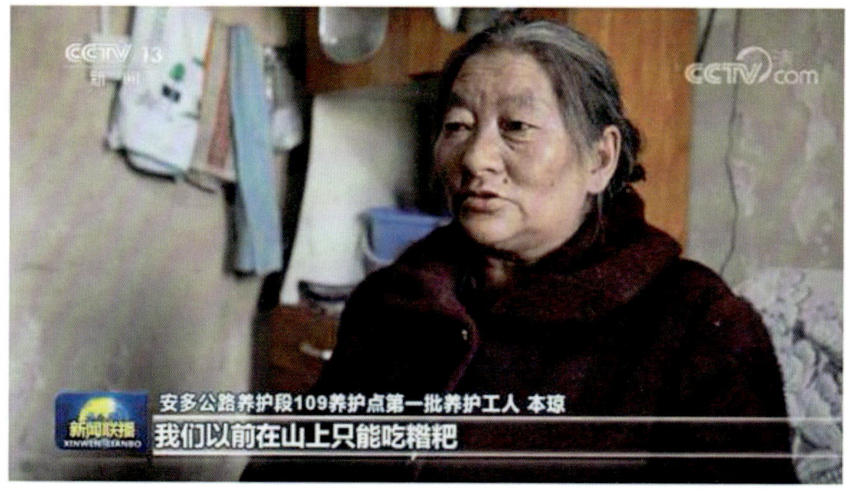

西藏自治区昌都市八宿县然乌镇村民伟色：这个公路说起来都是用血、用生命修过来的。十八军为什么有这个精神，就是共产党为人民服务，不怕牺牲，不怕困难。

习近平总书记在中央第七次西藏工作座谈会上强调，要推动建设一批重大基础设施、公共服务设施，建设更多团结线、幸福路[①]。“十三五”期间，川藏、青藏公路不断提高安全性和通行效率。川藏线上的折多山最高海拔4962米，折多山隧道目前正在加紧施工中。预计通车后，穿过该段的车程将由原来的一个半小时缩短到8分钟左右。

蜀道集团四川藏区高速公路有限责任公司折多山指挥部副指挥长郭守僦：折多山隧道地质灾害频发，仅我们处理的涌突水、大变形就多达36次。但再怎么难，也没有60多年前修建川藏公路和青藏公路那么难，我们要继续弘扬“两路”精神，以实际行动让进藏路成为优质路、环保路、安全路。

在西藏、四川、青海三省（自治区）和武警交通部队组建的专门养护机构中，一代代养路工人顽强拼搏、甘当路石。青藏公路翻越的唐古拉山口常年驻扎着被誉为“天下第一道班”的养路人。

安多公路养护段109养护点第一批养护工人本琼：我们以前在山上只能吃糌粑，需要克服很多困难开展工作。现在社会发展这么快，出门都有汽车，想吃什么都有。国家恩情重，怎么能不好好工作？

高山挡不住，天堑变通途。如今，进藏公路已经进入高速时代。近期，藏北草原的第一条高速公路——那拉高速公路将建成通车。牧民们说，届时他们的畜牧产品从那曲运送到拉萨，车程将缩短一半。同样充满喜悦的还有林芝姑娘曲吉，她的家在拉林高等级公路多布特大桥旁的多布村。这条路在建设过程中，投入近4亿元用于生态恢复，并首次在西藏公路交通建设中应用生态袋、生态毯等国际先进的柔性生态护坡技术。如今，曲吉和村里姐妹们都吃上了旅游饭。

西藏自治区林芝市巴宜区八一镇多布村曲吉：从拉林（高等级公路）过来的游客都在赞叹，没想到

①参见：《习近平在中央第七次西藏工作座谈会上强调　全面贯彻新时代党的治藏方略　建设团结富裕文明和谐美丽的社会主义现代化新西藏》，《人民日报》，2020年8月30日01版。

有这样一条水上公路，这为我们的小山村带来了活力。也是党的好政策让我们的致富路越走越宽广。

截至目前，西藏公路通车里程达 11.88 万公里，铁路运营里程近 1400 公里，和 5 个机场共同构筑起一个四通八达的高原综合立体交通网，正助力西藏经济社会实现新的腾飞。

（总台央视记者白央、铮铮、岩峰、陈琴、虹旭、赵晶、超逸、王磊，西藏台若轩、李焦、张毅，四川台、青海台）

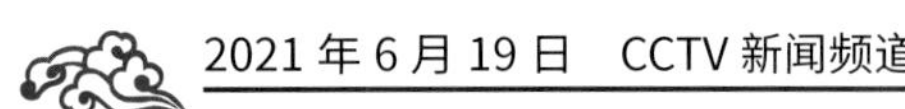
2021 年 6 月 19 日　CCTV 新闻频道

沿着高速看中国：总台记者带你空中探访最“高”的高速公路

沿着高速看中国，下面我们换个视角，还是沿着高速，但是从空中俯瞰。西藏的高速公路建设虽然起步晚，但却有一条具有特别意义的高速公路，这就是连接那曲市和拉萨市的那拉高速公路，也是第一条通往藏北草原的高速公路。

这条公路通车后，从拉萨到那曲只需要 3 个小时，而原先走青藏公路也就是 109 国道需要 6.5 个小时。下面让我们跟着总台记者陈琴从空中俯瞰这条海拔最高的高速公路——那拉高速公路。

总台记者陈琴：现在我们是搭乘直升机来到了拉萨的上空，这里距离地面是 300 米，我们在空中的海拔已经到了 4000 米左右。今天的天气非常好，蓝天白云。我们将沿着拉萨的中轴线从东向西飞，给你带来不一样的拉萨和那拉高速公路。

现在我们已经看到了那拉高速公路的起点，也就是拉萨市堆龙德庆区的波玛村，从这里向北，前往的就是藏北草原。那么这条高速路连接的是西藏的农区到牧区、城市到乡村。这么一条高速公路，连接着拉萨和那曲的经济开发区和物流中心。

那拉高速公路全线长 294.86 公里，其中有 67.92 公里的拉萨到当雄县羊八井路段，是 2020 年 10 月 1 日建成通车的。从拉萨到著名的地热城——温泉康氧基地羊八井，开车只需要 1 个小时。沿途两旁还有不少美丽的村落和农田，现在正值青稞和冬小麦郁郁葱葱的季节，从空中俯瞰非常养眼。在沿线村庄，我们还能看见不少蔬菜大棚，以后这些蔬菜也都可以通过那拉高速公路快捷地运送到那曲。可以说，道路的畅通，对拉萨和那曲两地实现乡村振兴十分重要。尤其是对于拉萨建设国际旅游文化城市、打造高原特色农产品基地、构建绿色工业发展体系、提升现代服务业和培育数字产业经济等，都具有重要作用。

那拉高速公路全线是双向四车道，其中，那曲至羊八井段设计速度 120 公里 / 时，羊八井至拉萨段设计速度 100 公里 / 时。越过这个

G6 京藏高速公路羊八井至拉萨段古荣互通

山头，我们进入峡谷区域，可以看到那拉高速公路是与青藏公路和青藏铁路并行的，最左边就是那拉高速公路，这三条路就像西藏交通建设史的一个缩影。

1954 年 12 月 25 日，青藏公路与川藏公路同时建成通车，被称为“两路”，结束了西藏没有公路的历史，形成了重要的“两路”精神。2006 年 7 月 1 日，青藏铁路格尔木至拉萨段建成通车，结束了西藏没有铁路的历史。

现在我们看见有一列火车正行驶在青藏铁路上。2021 年也是青藏铁路通车 15 年，15 年来通过铁路进出藏旅客近 3000 万人次。2014 年拉日铁路建成通车，2021 年拉林铁路也即将建成通车，现在川藏铁路正在建设之中，西藏的交通事业蒸蒸日上。

而 2021 年 6 月那拉高速公路建成通车，将结束藏北草原没有高速公路的历史，西藏有了第一条真正意义上的海拔最高的高速公路。

现在我们沿着那拉高速公路继续往北前行，路上又有一个村落。那拉高速公路两旁有很多这样的藏家村落，藏式民居非常漂亮整洁，在乡村振兴过程中，村民不仅住得好，也能就近就便就业，比如参与那拉高速公路的修建。

现在我们要飞向的羊八井方向，也是西藏冰川资源特别丰富的地方。这里有启孜峰、洛堆峰等，还有拉萨河1号冰川。拉萨河1号冰川也叫廓琼岗日冰川，是西藏现在特别热门的一个旅游景点。同时，这个地方也已成为西藏的旅游胜地，更是第二次青藏科考的科研基地。

整个拉萨到那曲，我们讲是一条世界级的景观大道，在近300公里的高速公路两旁，有念青唐古拉山和天湖纳木措。在被誉为“东方荷马史诗”的藏族著名史诗《格萨尔王传：门岭之战》中，就有对念青唐古拉山的记载。念青唐古拉山脉是冈底斯山脉向西藏中东部的延伸，是西藏农牧区的重要分水岭。以北，是广袤的羌塘高原和牧区；以南，则是“一江两河”河谷地带的农区。而那拉高速公路，正是连接起西藏城市与乡村、农区与牧区，实施乡村振兴的高质量发展之路，是西藏融入“一带一路”倡议、完善青藏高原高速公路网的骨架通道。

（总台记者陈琴、李旭、李彭林、益西多吉）

沿着高速看中国：“孤岛”不孤！西藏这朵高原之“花”再绽放

沿着高速看中国，沿着川藏线我们来到了西藏。2021 年是西藏和平解放 70 周年，我们沿着高速看看西藏自治区的发展变化。

西藏墨脱，是一个令许多人无比向往的地方，坐落在喜马拉雅山脉南部。“墨脱”一词在藏语中是花的意思。但长期以来，因为雪山围困、没有公路，曾被称为“高原孤岛”。

如今的墨脱早已不是“孤岛”，2013 年第一条墨脱公路——扎墨公路通车。2021 年 5 月 16 日，通往墨脱的第二条公路——派墨公路也具备了通车条件。加上如今开通网络，当地也正在大力发展茶业旅游融合产业，实现乡村振兴。

得益于交通的改善，墨脱更多的特产得以走出大山。曾经的“高原孤岛”成为当地群众的“聚宝盆”，这朵盛开在高原上的“花”，当地的百姓生活怎么样？我们跟随总台记者孟湛东去看一看当地百姓因路而富的生活。

总台记者孟湛东：在我身旁就是墨脱公路通车纪念碑。在 2013 年的 10 月，墨脱公路终于通车了，而墨脱县也成了全国最后一个通公路的县。说到墨脱公路的通车，有这样一个工程不得不提，就是在我远端的嘎隆拉隧道。嘎隆拉隧道翻越的是嘎隆拉雪山，海拔有 4100 米，在远端有黑白相间的横线，这条线就是最早的翻越雪山的公路。现在这条隧道的打通，也让更多的人可以通过隧道安全地抵达墨脱。

总台记者孟湛东：我现在是在扎墨公路沿线的一片香蕉林，墨脱地区的气候条件跟西藏其他地方相比有很大的不同。在公路沿线，经常可以看到像甘蔗、柠檬、香蕉等热带经济作物。近几年，扎墨公路贯通之后，很多游客会驾车通过公路进入墨脱旅游，所以在沿线就会有很多的蕉农砍下自己的香蕉，拿到路边出售。

总台记者孟湛东：我现在所在的这个村子是走派墨公路进入墨脱的第一个村，叫作巴登村，这也是一座具有两三百年历史的门巴族村落，村民们主要是靠编织墨脱竹编来获取收入。2014 年，村里成立

秋季，派墨公路多雄拉隧道出口全景图
（董志雄摄）

了专业合作社，即使在去年受到疫情影响下，他们也获得了 50 万元左右收入。在我身后是村民辛向东的家。

总台记者孟湛东：您一个人一般一天的话，像这样一套大概能编几个？

林芝市墨脱县巴登村村民辛向东：能编三套。

总台记者孟湛东：三套，像以往，辛师傅跟村民一起编好竹编，运到林芝市区去卖，走老路的话需要近 10 个小时，未来等到派墨公路通车之后，只要 2 个小时就可以运到了。一个月之后，辛师傅就要跟村民一起搬到距离这里 7 公里左右的新村去了。

总台记者孟湛东：在公路沿线还可以看到这样大片的茶园，这一片茶场叫作果果塘茶场。下车之后发现身边有很多采茶师傅已经开始聚在一起，采摘今年的新茶。墨脱县的茶叶种植总面积超过 25000 亩[①]，人均达到 2.5 亩。2016 年，全县农牧民人均可支配收入是近 8000 元，而到了去年，则是提升到了 12000 多元。

① 1 亩≈ 666.67 平方米。

总台记者孟湛东：现在我们是走在派墨公路的白马西路河大桥上，这座桥是派墨公路第四段的一个重要节点性工程。在我左手边落差 100 米左右的地方，这座只能过人的桥就是白马西路河大桥的前身。现在新桥已建成，具备了 30 吨汽车的通行能力。派墨公路的建设难度很高，是因为它经过高山寒带到热带雨林不同的气候条件，沿线可以看到雪山、草甸、雨林等不同的环境与植被。待到派墨公路通车之后，它将和现有的扎墨公路形成墨脱地区的交通环线，为当地的经济社会发展和居民的生活物资保障提供支持。

看完了高原上的花朵，我们再沿着 318 国道继续前行，来到拉林公路。连接着拉萨和林芝的拉林高等级公路，连接藏中、藏东经济带。如今拉林高等级公路行车速度可以达到 110 公里 / 时，拉萨到林芝的车程，只需要 4 个小时左右。拉林公路与 318 国道并行，在这段路上，无论你想高速驰骋，还是降低车速在国道上边走边看，都是一段很难忘的体验。而拉林公路沿途经过雪山、河流、湿地、森林、村落，串起了四季的美景，构成了一幅人与自然和谐相处的美好图景。

拉林高等级公路起于拉萨市城关区蔡公堂乡，止于林芝市林芝镇嘎拉村，通车里程 409 公里，是 G4218 雅叶高速公路的组成路段，

拉林高等级公路

拉林高等级公路

也是贯穿藏东和藏中的重要战略通道，促进了西藏的经济发展、对外开放和旅游开发等；同时，它还是一条生态通道、绿色长廊、景观大道，其采用的生态恢复技术和生态袋、生态毯等柔性生态护坡技术，都为西藏的交通、水利、矿山等建设工程的生态恢复应用积累了宝贵经验。

驱车行驶在拉林高等级公路上，所有能够想象到的高原美景，在这条路上都可以尽情地领略。我们现在要看到的是拉林高等级公路上的网红景点——多布特大桥。公路横跨清澈的水面，颜值爆表，被誉为拉林高等级公路上最美大桥。

我们现在就跟随记者到拉林高等级公路上这个必去的网红打卡地

看一下。

总台记者马媛：最美的风景一直在路上，我们现在正在行驶的这条高速公路，可以说是高速公路中的颜值担当。这一路由海拔3500米向海拔2700米过渡，途经海拔5000多米的米拉山口之后，沿着美丽的尼洋河南下，几乎包揽了雪域高原的全部美景，雪山、峡谷、山川、河流、湿地、农田、村落，既有自然天成，也有人间烟火，真可以说是构成一幅人与自然和谐相处的美好图景。

总台记者赵晶：沿着高速看中国，今天我们来到了拉萨市。现在我就是在平均海拔3600多米的拉萨，为大家带来现场直播报道。对川藏公路和青藏公路而言，拉萨都是非常重要的交通枢纽，现在正值西藏的旅游旺季，我们在拉萨的采访过程当中也发现，许多的游客都是通过自驾游的方式来到拉萨旅游。从我们所处的位置向远方望去，就可以看到雄伟壮美的布达拉宫。横跨在拉萨河之上，我们还可以看到世界上海拔最高的藏式风格廊桥——迎亲大桥，连通了拉萨市城南片区和中国西藏文化旅游创意园区。中国西藏文化旅游创意园区与拉萨市区隔河相望，是近几年西藏冉冉升起的文化旅游新地标。到现在为止，园区里已经入驻了140多家企业，涵盖文创、影视、设计等行业，已经成为集旅游观光、文化体验、休闲娱乐和创新创业为一体的打卡胜地。现在我们到了整个园区里面积最大的一处建筑，叫作文成公主剧场。剧场里面有一个文创展示空间，其中摆放的文创产品如笔记本书签、明信片等，都是围绕着文成公主的故事来展开的。在这里，我们还看到这样一句话："天下没有远方，人间都是故乡。"这句话是在这个剧场上演的史诗剧《文成公主》当中一句非常经典的唱词，而这句唱词也打动了许多远道而来的游客。经过文创展示空间继续前进，就进入了一个大型实景剧场。

这个实景剧场融合了拉萨的自然山川，还有人工的舞台，以及布景等。藏文化大型史诗剧《文成公主》，每年4月到10月在这里盛装演出，讲述文成公主入藏和亲的故事。演出综合运用大唐歌舞和西藏流传久远的藏舞、藏戏等艺术形式，形成华美的乐章。演出在晚上进行，现在白天我们可以看到部分演职人员正在进行彩排。藏戏表演融合了数十种非物质文化遗产。表演者要佩戴面具进行演出，堪称西藏文化的活化石。在彩排的现场，我们还可以看到有一些演员，佩戴腰鼓，他们要进行的表演是卓舞，在藏语里正是腰鼓舞的意思。卓舞距今有1300多年的历史。史诗剧《文成公主》自2013年首演以来，2021年时已经进入到第九个演出季，累计演出1400场。全剧800多名演职人员，许多都是周边的农牧民。演出收益有效地拉动了当地的就业，带动了当地农牧民脱贫奔小康。

G6 京藏高速公路羊八井至拉萨段波玛互通

史诗剧《文成公主》这种文旅产业扶贫的模式，入选了世界旅游联盟旅游减贫案例。在 1300 多年前，文成公主告别了长安，开始慢慢西行，由此也谱写了汉藏和亲的优美史诗。而今天伴随着现代化的交通，更多的游客可以便捷地来到西藏，看到西藏的传统文化之美，更看到西藏日新月异的发展新貌。

（中央广播电视总台）

沿着高速看中国：通行时间缩短一半 那拉高速公路现已具备通车条件

如今，西藏境内建制村村村通公路，西藏公路通车里程达到 11.88 万公里，乡镇、建制村通畅率分别达 94%、76%。现在，西藏公路建设又有新进展，那就是连接拉萨和那曲的那拉高速公路。这条高速公路平均海拔 4500 米，全线长 294.86 公里，分成两段建设，从拉萨到当雄县羊八井段共有 67.92 公里，于 2020 年 10 月 1 日建成通车。而从羊八井到那曲这一段共有 226.94 公里，经过 3 年的建设，目前已经具备了通车条件。今天，羊八井到那曲段正在进行通车前路面和桥梁的技术检测，目前总台记者王磊就在现场。

总台记者王磊：我现在就是在世界平均海拔最高的高速公路那拉高速公路羊八井至那曲段的起点上。这里的海拔是 4380 米，现在我们可以看到有不少工程车正在对最后一段路面进行技术检测。我旁边正在调试的设备叫作八轮仪，主要是用来检测路面的平整度，一旦路面的高差大于 1.2 毫米，仪器就会发出预警。而在我前方还有 2 台桥梁检测车，对桥梁的外观和质量进行检测。

总台记者王磊：大家看，我旁边就是牧民们放牧的天然草场，顺着草场再往远处看，就是青藏公路和青藏铁路，三条路在沿线并行交会，非常壮观，这也是几代建设者辛勤付出的见证。而这条平均海拔 4500 米的高速公路，大部分处于冻土区，环境恶劣，施工难度大。那什么是冻土呢？在冻土上修筑高速公路会遇到什么问题呢？下面我通过 2 个冰袋，来给大家演示一下。冻土中含有大量的水分，就像这个冰块，冻结状态下，非常坚硬，强度高；但是随着季节的变化，冰融化后就会变软，承载能力下降，路面下就会像这个融化的冰袋。大家看，这辆模型车在上面行驶，路面很难承受压力，就会沉下去。为此，设计方提出了很多工程处置措施，比如在路基下埋设通风板、通风管和热棒等材料，最大限度调控冻土的温度。在我们看不到的路面下方，其实就是这样的结构，通过几代建设者的不断努力，让我们未来的行

那拉高速公路于 2021 年 8 月 21 日正式通车，图为那拉高速公路与 109 国道、青藏铁路在念青唐古拉山下交互、并行（中国新闻社江飞波摄）

驶更安全、更舒畅。

总台记者王磊：征得建设方允许，我们中央广播电视总台《沿着高速看中国》的车队马上就从羊八井出发，驶向那曲，带大家提前去感受这条壮美的高原“天路”。

总台记者王磊：以前我们从拉萨到那曲，沿着青藏公路开车需要 6 个多小时，这也是南北向的一条重要的物资运输通道。由于大货车多，只有双向两车道，经常会出现堵车的情况。今后，通过高速公路从拉萨到那曲，只需要 3 个小时。

总台记者王磊：现在我们继续行驶在拉萨牧业大县当雄境内，在高速公路口还专门设置了一个念青唐古拉山观景台，一望无垠的草原和雪山尽收眼底。未来可以在这里停车，与海拔 7162 米的念青唐古拉山主峰来一张亲密的合影。

总台记者王磊：沿着那拉高速公路在当雄下道，行驶 1 个多小时就能到达西藏三大圣湖之一、国家级风景名胜区纳木措。纳木措正在推动高原大湖生态环保游，目前景区已经开通了观光车，实现与自驾车的无缝换乘，游客可以沿湖尽览美景。

总台记者王磊：继续往北，还能看到大面积的湿地和壮美辽阔的藏北草原，沿线牧区的老百姓可以通过这条高速公路，更方便、快捷地前往拉萨等地，学习先进的技术技能，就业渠道也更广阔。

那拉高速公路还是一条生态环保公路，羊八井至那曲段共建有145座桥梁。建桥能最大程度减少对沿途湿地和草原的影响，同时桥下还专门设立了供牦牛和羊群行走的通道，形成了一幅人与自然和谐相处的高原壮美画卷。

（总台记者王磊，
西藏台刘若轩、吴勇）

2021 年 6 月 19 日　CCTV 新闻频道

沿着高速看中国：去“世界屋脊”探寻我们内心的向往

央视网消息：我们首先通过一个小贴士看看川藏公路旅行全程。

川藏公路可分为南、北两线，分别为 318 国道、317 国道。线路从成都开始，经雅安、康定，在新都桥分为南北两线：北线经甘孜、德格进入西藏昌都、邦达；南线经雅江、理塘、巴塘进入西藏芒康，后在邦达与北线会合，再经巴宿、波密、林芝到拉萨。北线全长约 2400 公里，南线全长约 2100 公里。

选择川藏公路入藏颇为艰险。总体来说，南线路途短且海拔低，沿途多为人口相对密集的地区，风景秀丽；而北线所过地区多为牧区，海拔更高，景色更为原始壮丽。由川藏公路入藏，沿途会翻过 14 座海拔在 4000 米以上的高山，跨越大渡河、金沙江、澜沧江、怒江等大江，还会经过被称为“西藏江南”的林芝地区，景观之多之奇，是其余几条进藏线路所无法相比的。

昌加改造工程项目第二标段蒙普 2 号桥

2021 年 5 月 6 日 《人民日报》01 版 

高原筑路

京藏高速公路那曲至羊八井段是国家高速公路网的重要组成部分，也是西藏自治区重大民生工程之一。该工程计划在 2021 年 6 月底全线通车运行。项目通车后将有力促进沿线经济社会发展，对完善区域路网结构和功能等具有重要意义。

（徐驭尧）

那拉高速公路

2021 年 6 月 7 日 《人民日报》（海外版）01 版

羊八井石峡，天路开通幸福来

一边是高耸的石峡，一边是奔腾的河水，在海拔 4300 米的青藏公路羊八井段，来往车辆穿梭不断。

从拉萨市区出发，沿青藏公路向西北行进约 70 公里，就是西藏自治区拉萨市当雄县羊八井镇。羊八井石峡天然造化、巨石林立。接了父亲班的青藏公路当雄段养护工巴桑次仁从小就知道："以前这里只有一条小道，是老人们用干牛粪作燃料，把石头烧烫后一点点抠出来的，牵着牦牛勉强能通过。"

20 世纪 50 年代初期的西藏，没有通汽车的路，一切运输靠人背畜驮。1953 年，为解决驻藏部队粮食不足问题，西藏运输总队迅速组建并向各地征购骆驼。

也就是那时，姚明宗从故乡甘肃民勤拉着自家骆驼加入了运输队。"进藏路上气候恶劣极了，高寒缺氧不说，还经常有暴雪袭击。"姚明宗回忆，队伍一步步行进，骆驼也一头头掉了队。

入藏艰难，运输总队政委慕生忠少将看在眼里，他和战友们都盼望在"世界屋脊"上修一条现代公路。1954 年，党中央批准青藏公路修筑计划，运输总队改为筑路队，1200 多名"驼工"成了筑路工人。"10 辆十轮卡车、1200 把十字镐、1200 把铁锹……"修筑青藏公路的全部"家当"，87 岁的姚明宗记得很清楚。

一条天路，就此从格尔木南昆仑山下艾芨里沟破土动工，而这条路的咽喉锁钥，是羊八井石峡。

劈山削石，昼夜不息，筑路大军在羊八井石峡摆开战场。1954 年 12 月 19 日人民日报第 2 版刊发通讯《千年石峡今日开》，描绘了西藏荒谷中热火朝天的建设景象："人民工兵钢铁汉，脸上红光映高原，铁锤举起山发颤……"

拉萨河畔的"两路"精神纪念馆内，早已磨秃的洋镐圆锹记录着筑路艰辛，传递着"一不怕苦、二不怕死"的"两路"精神。讲解员齐天舒告诉记者，"两路"指的是青藏公路与川藏公路。"我爷爷曾是青藏公路筑路大军的一员。当年修路，每人身上都带着烧酒，到河里搬石头前喝两口，上岸后再倒酒擦身子，

那拉高速公路

这样才能保持正常体温。”

仅用7个月零4天，青藏公路全线通车，中国人在“世界屋脊”上创造了交通建设奇迹。1954年12月15日，第一批车辆顺利抵达拉萨，在布达拉宫前等待的人群拥上去，爆发出热烈欢呼：“青藏公路修通了！”

天路开通幸福来。从土路到油路，从人迹罕至到车来车往，67年间，随着青藏公路等级的提高，物资设备与先进技术源源涌入西藏，自治区第一座现代工厂、电站、医院建起；大批藏族青年经此赴内地交流进修，返藏后为当地建设发展起到了积极作用；借力公路经济带，农牧民走上运输致富路，众多“汽车村”出现在雪域天堑……以羊八井为例，这里地热资源闻名于世，丰富的高原温泉是进藏旅游的热门打卡点，羊八井镇居民白玛曲珍的家庭旅店也接待了一拨又一拨游客。这不，今年“五一”假期，她家就忙得不可开交。

以青藏公路为起点，西藏公路交通从单一线路逐渐发展成完整网

那拉高速公路羊八井互通

络，2020 年年底，西藏公路通车里程达到了 11.88 万公里。G6 京藏高速公路羊八井至拉萨段，也于 2020 年 10 月 1 日通车运行，从拉萨到羊八井的车程缩短为 1 个小时。自空中俯瞰，一条宽广的高速公路与青藏公路交错并行，蜿蜒连绵。

羊八井石峡仍是最险峻的地带。每到雨季，巴桑次仁和同事都要时刻提防峡谷中的落石。但跟当年道路养护工们不同，巴桑次仁用的工具已不是铁铲、十字镐和箩筐，而是挖掘机、装载机等新型机械。“青藏公路是共产党送给西藏人民的珍贵礼物，我们一定要把这条路养护好。”巴桑次仁说。

“现在从拉萨来羊八井，可以走青藏公路，也可以走高速，自驾的游客越来越多。”白玛曲珍开心得很，说：“听说6月底，羊八井到那曲的高速也要开通了，来这里旅游的人肯定会增加，到时候我家旅店生意就更好啦！”

（刘乐艺、刘晓）

因路而富　百姓走上康庄路

2021 年 5 月 31 日 新华社

沿着高速看中国：高原上的“快车道”

全长 400 多公里的拉林高等级公路连接西藏自治区的拉萨市和林芝市，是贯穿藏东、藏中的重要通道。拉林高等级公路有效缩短了通行时间，在西藏高原上架起了一条“快车道”。

得益于出行时间的缩短，拉林高等级公路沿线旅游业得到了进一步发展。

拉林高等级公路也是西藏交通变迁的一个缩影。“十三五”期间，西藏自治区全区新增公路通车里程 3.83 万公里，创造了平均每年建成 7660 公里公路的高原奇迹。

（洛卓嘉措、索朗德吉 新华社音视频部制作）

林拉高等级公路

沿着高速看中国：在路上，看“世界屋脊”之变

随手一拍皆是景，坐着游艇领略高山湖水，在西藏自治区林芝市巴松措景区，连日来的雨雪霏霏丝毫没有影响游客观赏的热情。

巴松措位于林芝市工布江达县错高乡，1994 年被评为国家风景名胜区，同时被世界旅游组织列入世界旅游景区，2017 年获评国家 AAAAA 级生态自然旅游景区，是西藏首个自然风景类 AAAAA 级景区。

随着游客的增多，景区维持秩序的工作也日益繁重。“我们村庄就在湖边，在这上班每月工资 3600 元，不仅能照顾家人和忙农活，还有稳定收入。”错高乡错久村村民、25 岁的公觉顿珠在这一景区从事保安工作近 3 年，“这得益于林芝至拉萨高等级公路的便利。”

2019 年，平均海拔 4750 米、世界上海拔最高的特长公路隧道——米拉山隧道建成通车，标志着经过 6 年建设、全长约 400 公里的林芝至拉萨高等级公路全线通车，极大缩短了拉萨至林芝的通行时间。

错高乡党委副书记罗桑次旦说，旅游带动当地群众 67 人就业，2021 年以来景区已接待游客 7.6 万余人次，旅游收入达 450 万元。

47 岁的重庆人张建兰，自 1999 年起便在林芝市工布江达县巴河镇经营一家饭馆，她见证了林芝至拉萨的路途变化。

“2000 年以前的川藏公路是沙石路，都没有客车，现在不仅有了沥青路，还建成了高等级公路。”她说，“现在，在镇上购买食品和生活用品很方便。”她每年花 5 万多元从周边村民手中收购松茸、青冈菌等，生意不错，还雇了 2 名藏族服务员。

林拉高等级公路的建成通车，促进了旅游业发展，带动了当地农牧民就业，更便利了广大农牧民出行。

在拉萨市墨竹工卡县日多乡经营牦牛肉汤的仁青桑姆，1998 年开办了“丁肉妈妈饭馆”，通过诚信经营，赢得了家乡群众和过往旅客的认可，成为川藏公路 318 国道上的网红打卡点。进出家乡的道路从沙石路到沥青路再到高等级公路，51 岁的仁青桑姆感触颇深。

她说：“我小时候父辈们出远门都骑马，我们这一代用上了摩托车和三轮车，现在年轻人开上了小汽车。以前乡上没有蔬菜店，现在乡上什么菜都能买到，品种多，价格也便宜不少。”

5月的高原上，驱车沿林拉高等级公路行驶，不仅蓝天、雪山、河流、松柏等尽收眼底，还能看到猴子、马鹿等多种动物在路边出没，这条公路已成为一条生态景观大道。

林拉高等级公路横跨拉萨河谷、尼洋河谷，沿线海拔变化大，生态环境各异。当地在建设和管护中，坚持不破坏、少扰动、多恢复的原则，投入近4亿元用于生态恢复，并首次在西藏公路交通建设中应用生态袋、生态毯、生态微孔基质等国际先进的柔性生态护坡技术，在全区重大工程建设中树立起生态环保示范新标杆。

2011年，全长37.8公里的拉

林芝至拉萨高等级公路

萨至贡嘎机场高等级公路建成通车，结束了西藏没有高等级公路的历史。如今多条高等级公路串联起雪域高原的高山峡谷、广袤草原、城镇乡村。

数据显示，截至2020年年底，西藏公路通车里程达11.88万公里，乡镇、建制村通畅率达93.7%和75.9%，全区所有县（区）和476个乡镇、2050个建制村通了客车。目前，西藏已通车高等级公路728公里。

西藏自治区交通运输厅厅长徐文强说，到2025年，西藏力争公路通车里程和高等级公路通车里程分别突破12万公里和1300公里，建成以拉萨为中心的“3小时综合交通圈”。

（刘洪明、董琳娜、孙阳）

2021 年 5 月 14 日　新华社

沿着高速看中国：逐梦川藏线，追怀“两路”人

4 月底，在汉戈村村民上山挖虫草前，驻村第一书记文雪松抓紧组织大家播撒新一季的青稞，磨好 2000 多斤青稞粉，储备好生产青稞曲奇饼干的原料。

汉戈村位于四川省甘孜藏族自治州理塘县，平均海拔达 3700 米，是高原上一个不起眼的半农半牧村。2020 年以来，文雪松等帮扶人员精心策划运作，将这里的原产青稞加工成曲奇饼干，通过电商畅销全国，成为村民稳定的收入来源。

“没有交通改善，就没有产业发展。”文雪松说，“汉戈村紧邻省道 217 线，一路连接国道 318 线和雅康高速公路直通成都，人畅其行、货畅其流，为村里引入现代科技奠定了基础，也让这个偏远村子的农副产品加快走进城市，变成了附加值更高的热销商品。”

千里川藏线，像一条洁白的哈达环绕雪山草甸、飞越千山万壑，把高原上无数村落串联起来，让农产品更加顺利地输出、外地人更加便捷地进来，让高原百姓打开了视野、活络了思路。

西藏自治区昌都市八宿县然乌镇，因其独特而壮美的“来古冰川”，吸引了大批游客沿着川藏线远道而来。当地以此为契机，大力发展基础设施和绿色生态旅游，很快聚集了 100 多家酒店、饭店、超市、火锅店、理发店等服务设施，吸纳了 200 多人就业。

记者看到，在然乌镇瓦巴村，渡外云居、来古村公益客栈、康沙村云来大酒店等以承包方式运营，村集体经济每年有了固定增收；来古村专门组建了有 100 多匹马的观光马队，每年获益 100 多万元，带动 109 户增收致富，年人均增收约 3000 元。

自古以来，川藏高原地区与内地经济文化交流频繁密切，但因横断山脉形成的雪峰和一条条激流阻隔，直到新中国成立前，从内地入藏的交通极为艰难。

“高悬于青衣江上的铁索桥，只容单人行走。战士们搬着东西在上面走起来左摇右晃、头昏腿软。”“翻（折多）山过程中喘不过气，寒冷，给了官兵们一些‘教

新技术、新设备用于那曲至拉萨高速公路建设

训’……”十八军老战士魏克当年的进藏日记，记录了 70 年前险象环生、艰苦卓绝的开路经历。

1951 年，入藏解放军一面进军，一面修路，向大山宣战。在终年积雪的雀儿山上，十八军五十四师一六〇团的丁希彦和战友们吐一口唾沫还没落地，就已结成一朵冰花。太阳光照在雪地上，反射的银光让人睁不开眼。

“这里的土层冻得比石头还硬，不管是用锋利的铁锹或犀锐的十字镐，挖下去都只是一道白印，甚至会震得手心发麻、虎口欲裂！”丁希彦的回忆录写道。战士们每天在冰天雪地里往返数十里砍树、捡柴，用熊熊大火烧化了绵延起伏的冻土。

就这样，十余万军民经过 4 年多的艰苦奋战，终于在高原“禁区”劈开了一道连接川藏的生命线。1954 年 12 月 25 日，两条当时世界上海拔最高的公路——川藏公路与青藏公路同时通车，涉藏地区百姓告别了“鸟道羊肠、天梯栈道、溜索横渡”，迎来了公路跑汽车的时代。

路面加宽铺油、桥涵重修加固、改善危险路段……此后几十年，国家对“两路”的整治和改造持续不断，保障着两条高原生命线的顺畅。随着政府对涉藏地区持续加大资金支持，以及工程技术的快速进步，

开始发动铲雪车，同时带上融雪剂和沙土。布嘎说，去年工区配置了新的铲雪车，为了在高海拔、高寒条件下顺利发动，他们自己研制了预热装置。

国道 109 道班的工友们负责养护青藏公路唐古拉山 K3331~K3370 段总共 39 公里的公路。这里高寒缺氧、环境恶劣，年平均气温在零下 8°C，最冷时达到零下 40°C，空气中含氧量仅为海平面的 40%，一年有 120 天以上刮 8 级大风。一年四季风雪不断，被人们形象地称为“风雪仓库”，强风吹着雪粒横扫过路面，犹如蒸腾的雾气，此时局部路段的路面及边坡坡面被积雪积冰层层覆盖，不但会引发交通的阻塞，甚至会引发大的交通事故。

工友索朗达杰说，为了保证交通顺畅，步行在路上是最普通的日常。“我们有的时候要走 10 多公里，因为堵住了，车开不过去。有一次下大雪，两边车全部堵了，我们一直走，一直走。有的时候司机晚上打瞌睡，怕他缺氧等，我就敲门，不要让车熄火，否则车上这些油马上就冻住了，有些车很快就坏了。”

桑曲河特大桥（位于 K3649+720 米处），跨越桑曲河，桥长 1165 米，上部结构采用预应力混凝土简支小箱梁

“风吹雪”还会影响冻土的散热，冬季土壤冻结膨胀路面拱起，夏季冻土融化收缩路面凹陷。道班28名养路工人一年四季都坚守在这里，与家人聚少离多。

索朗达杰：一直在路上，家在拉萨，很少回去。

记者：成家了吗？

索朗达杰：成家了，我有一个女儿。很少见到。

索朗达杰为路边停靠的半挂车铺沙土，防止打滑。驾驶员吴师傅说，他在这条路上运输百货已经7年了，近年来青藏公路路况越来越好，往来的车辆也越来越多。“那个时候的路跟现在的差远了，有很大的坑。以前3天才能跑到拉萨，现在快了。”

交通运输是西藏经济的命脉，公路运输承担着西藏90%以上的货运和80%以上的客运。在铲雪车的作业下，路面的积雪和冻冰基本被清除。堵车渐渐缓解，车流又动起来了。来自河南的自驾车主李先生没想到这么快就解决了拥堵。他说：“这里海拔5000多米，前面有一小段堵了一段时间的车，现在还好，我刚通过。现在，货车，包括自驾的，都比以前多，各方面条件都好了。”

（孙鲁晋）

2021 年 6 月 16 日 《经济日报》03 版

沿着高速看中国：川藏公路串起旅游“珍珠链”

川藏公路翻山越岭、跨河过江，海拔起伏间雪山巍峨、森林葱郁、流水潺潺，风景雄奇秀美。尤其是川藏公路南线 318 国道，随着国内自驾游的兴起，被誉为“最美景观大道”。

6 月初，在从四川经 318 国道进入西藏的第一站芒康县，记者看到，圣天温泉酒店里的游客让寂静的海通沟分外热闹。

“现在虽不是西藏旅游最旺的七八月，但酒店入住率已达百分之七八十。”运营圣天温泉酒店的西藏蓝珀酒店有限公司总经理邵正红说，这和川藏公路知名度越来越高、旅游需求不断增长密不可分。

川藏公路南北线均绵延 2000 余公里。随着道路改造升级，越来越多的游客驶向川藏公路，带动了沿线旅游业发展。

抓住区位优势，通过招商引资、政府引导村民自建等渠道，昌都市积极建设自驾营地和供游客体验本地地域风情的洒咧营地（在野外郊游和聚会的场所）。目前，昌都全市共有自驾营地 2 个、洒咧营地 180 余个。1 月至 5 月，昌都市接待游客近 80 万人次，实现旅游收入近 6.3 亿元。

八宿县然乌镇，碧绿的湖水像锦缎般铺开，山间的积雪若隐若现。然乌国际自驾 · 房车露营营地就位于 318 国道旁的然乌湖畔。旅游咨询中心、咖啡厅、观景台……2018 年开业的营地设施设备不断完善，逐渐赢得了市场认可。据不完全统计，每天在营地停留的车辆超 600 辆。

“目前，营地正在积极拓展‘旅游 +’，延伸旅游产业链，让游客不仅能在营地住下来，更能玩得好。除了设计推广周边游精品线路，营地还推出藏文化体验活动，丰富旅游内涵。”营地总经理道磊介绍，随着旅游业复苏，然乌旅游势必越来越好。

距营地几公里处便是然乌镇。得益于特色小镇建设，然乌镇焕然一新，除了水电路讯等基础设施的改善，更重要的是依托川藏公路区位优势的旅游产业发展定位更加明确，配套设施更加完善，然乌镇的发展动力更加强劲。

昌加改造工程项目第三标段侧格 2 号大桥（连续刚构）

“然乌镇由以前的一条街五六家宾馆发展成了现在的酒店、饭店、超市等各种商业形态 100 余家，逐渐成为昌都投资兴业的热土。”然乌镇干部吴启萌介绍。

和然乌镇一样，位于 318 国道旁的林芝市巴宜区林芝镇嘎拉村也吃上了“旅游饭”，成为远近闻名的旅游村、富裕村。

今年三四月桃花季，34 岁的村民阿牛在嘎拉桃花园工作，每天有 150 元收入。“此外，村民每人每年还能从桃花园门票收入中获得分红。”阿牛说，川藏公路客流量增长是桃花园年年增收的重要原因。

从成都出发，自驾游客们大多选择 3 天至 5 天到达拉萨。因川藏公路而兴，沿线的旅游点就像珍珠一样串联起来，串出了诸如芒康县、然乌镇、嘎拉村等地的兴旺发达、人民的安居乐业。

（代玲）

2021 年 6 月 21 日　CCTV 新闻频道

沿着高速看中国 · 川藏公路：通向“世界屋脊”的团结线幸福路

1954 年，在平均海拔 4000 米以上的青藏高原，10 多万军民在极其艰苦的条件下团结奋斗，建成了川藏公路、青藏公路，3000 多名英烈捐躯高原，创造了世界公路史上的奇迹，结束了西藏没有公路的历史，也铸造了“两路”精神。

沿着高速看中国，我们一起沿着川藏公路，这条通向“世界屋脊”的团结线、幸福路，看沿线的发展变迁。

川藏公路东起四川成都，西至西藏拉萨，分为南北线，北线全长约 2400 公里，南线全长约 2100 公里，沿途需翻越 14 座海拔在 4000 米以上的高山，跨越大渡河、金沙江、澜沧江、怒江等汹涌湍急的江河。从成都出发一路向西，进入甘孜藏族自治州。

眼下正是大球盖菇丰收的季节，在大渡河西岸的泸定县冷碛镇松林村，村民赵英健正在忙着采摘大球盖菇。他骄傲地告诉我们，2018 年年底，川藏公路北线雅安至康定段高速公路通车后，村里的特色农产品 3 个半小时就能到达成都，销往各地。

四川省甘孜州泸定县冷碛镇松林村村民赵英健：现在几个小时，一天就到北京、上海了，好快的物流嘛，销路是不愁，每天都是供不应求，拉出去基本上就已经抢完。

在川藏公路沿线，像这样因路而兴的乡村比比皆是，而这也得益于国家对进藏公路从未停止的整治改建，不断提高安全性和通行效率。川藏线上的折多山最高海拔 4962 米，折多山隧道目前正在紧张施工中，预计通车后，穿过该段的车程将由原来的一个半小时缩短到 8 分钟左右。

蜀道集团四川藏区高速公路有限责任公司折多山指挥部副指挥长郭守儆：折多山隧道地质灾害频发，仅我们处理的涌水涌泥、坍塌等地质灾害就达 36 次。但再难，也没有 60 多年前修建川藏公路和青藏公路那么难。作为新时代的交通建设者，我们要继续弘扬“两路”精神，以实际行动让进藏路成为优质路、环保路、安全路，为沿线交通事业和乡村振兴贡献力量。

高山挡不住，天堑变通途。如

今，进藏公路已经进入高速时代，日渐织密的交通网成为惠及民生、绿色发展、脱贫致富、乡村振兴的强大引擎，使西藏焕发出勃勃生机。

林芝姑娘曲吉，家在拉林高等级公路多布特大桥旁的多布村。这条路在建设过程中，投入近 4 亿元用于生态恢复，并首次在西藏公路交通建设中应用生态袋、生态毯等国际先进的柔性生态护坡技术。2019 年通车后，拉萨到林芝的路程由 8 个小时缩短到 4 个小时。

公路横跨清澈水面的多布特大桥，颜值“爆表”，成为网红景点。曲吉和村里姐妹们都吃上了“旅游饭”。

西藏自治区林芝市巴宜区八一镇多布村曲吉：从拉林高等级公路过来的游客都在赞叹，没想到有这样一条水上公路，没想到我们家乡那么美，这为我们的小山村带来了活力，也是党的好政策让我们的致富路越走越宽广。

距离拉林高速公路巴河出口不远就是西藏第一个自然景观类的 AAAAA 级景区巴松措。原生态的环境、便利的交通，吸引着各地游客纷至沓来。

江西游客：给我们的印象，就是太美。大自然的景观，像这水，在我们那儿是见不到的。

巴松措民宿老板次仁德吉：拉林高速公路修好以后，客人越来越多，我们做生意也是越来越方便。现在旺季的话，我们做民宿，淡季的话，我们就卖土特产。现在，我们家家户户都有车子。

截至目前，西藏公路通车里程达 11.88 万公里，已通车高等级公路 728 公里，连接日喀则、山南、林芝、那曲的高速公路网初具规模，铁路运营里程达到 954 公里，和 5 个机场一起构筑起一个四通八达的高原综合立体交通网，正助力西藏经济社会实现新的腾飞。

林芝至米林机场高等级公路

2021 年 5 月 25 日　红星新闻

沿着高速看中国：从“西藏江南”到“雪域圣城”，这条公路带你一路入画

这是一条充满诗情画意的公路，串联拉萨以东、林芝以西的众多美景，巴松措、尼洋河、米拉山、多布湖……

G4218 林芝至拉萨段高等级公路，路线全长约 409 公里。整体路线呈东西走向，途经林芝市巴宜区、工布江达县和拉萨市墨竹工卡县、达孜区、城关区。

全线平均海拔 3400 米以上，是林芝、拉萨两地旅游人员和物资的重要通道；是西藏经济发展的生命线之一；是连接藏中、藏东经济带乃至大西南的主通道。

2019 年 4 月 26 日，林拉高等级公路米拉山隧道建成试运营，标志着林拉高速公路实现全线通车。

林拉高速公路一期工程从路线两头开始实施，分拉萨至墨竹工卡、林芝至工布江达两段；二期工程分工布江达至米拉山、墨竹工卡至米拉山两段。米拉山隧道的双向通车，使得林芝至拉萨的距离缩短为 409.2 公里，两地的车程时间从 7 个小时缩短至 5 个小时。

车程缩短，不仅节约出行时间及运输成本，出行安全系数也成倍增加，对西藏经济发展、民生改善、国防巩固、人民安全出行等发挥着至关重要的作用，也使城市间车、物、信息、人才等交流更加便捷。

林拉高速公路自通车以来，积极探索“服务区 + 旅游”“服务区 + 民族特色产品”“服务区 + 扶贫”模式，吸纳沿线农牧民群众就业，以线带面，促进高等级公路沿线群众增收、致富。这条路，对西藏融入成渝经济圈、推进沿线旅游升级、完善产业发展链条具有极其重要的作用。

2018 年 1 月 3 日，林拉高速公路获“全球道路成就奖”，被网友评选为“中国最美公路”之一。

林拉高速公路连接着海拔落差 700 米的林芝和拉萨之间的四季景色，400 公里的两端，一边是“西藏江南”，一边是“雪域圣城”。

春天的林拉高速公路，浩瀚的雪山与柔情的桃花列队于车窗外，举目四望，朝气蓬勃。

夏季的林拉高速公路，彩虹是常客，或立于尼洋河之上，或悬于

林芝至拉萨高等级公路

森林之间，五彩斑斓。

林拉高速公路最美的季节在秋季，拉萨的高原草甸和林芝的森林同时变成金灿灿的黄色，如同一幅幅旖旎的山水油画。

冬天的林拉高速公路两侧，水天一色，一幅梦幻之景。

尼洋河：林芝的“母亲河”——尼洋河是起点，美丽的画卷也由此展开。林拉高速公路自林芝镇开始，穿梭于温暖潮湿的尼洋河谷。尼洋河全长307.5公里，在雅鲁藏布江众支流中排行第四。尼洋河沿河两岸植被完好，风光旖旎，野生鸟类众多。同时，这里也是西藏著名的黑颈鹤越冬区。

多布湖：林拉公路跨过多布湖。这里拥有着比宫崎骏《千与千寻》中的海上火车还美的湖光山色。湖面平静如止，宛若一块碧绿的翡翠，依偎在远山的怀抱，近看深浅不一，沿岸处的水流逐渐由翠绿过渡到嫩绿色，与四周一路披雪的森林无缝衔接。

巴松措：西藏唯一的自然风光类国家AAAAA级景区。巴松措又名措高湖，藏语中是“绿色的水”的意思，长约18公里，湖面面积约27平方公里。景区集雪山、湖泊、森林、瀑布、牧场、文物古迹、名胜古刹为一体，景色殊异，四时不同，有“小瑞士”美誉。

秀巴古堡：拥有1600多年历史的秀巴古堡群，矗立在林拉高速公路一侧，格萨尔点将台、经幡塔，山水相依，让人惊叹。秀巴古堡是西藏年代最古老、历史最悠久、古堡群最密集、结构保存最完整的古堡群，内设有整个西藏最大的转经筒。

卡定沟：这是一处绝壁瀑布，卡定沟紧靠尼洋河，有着壮阔的美。沟内最高的瀑布垂直落差高达200米左右，飘散下的水花在日照充足的午后，会让你看到无比绚丽的彩虹。

太昭古城：在莽原和雪山脚下，清澈的尼洋河边，巍峨的群山怀抱，有一座历经千年沧桑的小镇，它的名字叫“太昭”。太昭古城是林拉高速公路边不容错过的景点，因为它见证了茶马古道、318国道和林拉公路的历史变迁。

思金拉措：林拉高速公路米拉山附近，还有一处高山湖泊，那就是有着“财神湖”之称的思金拉措。思金拉措海拔4500米，地形犹如聚宝盆，四周群峰簇拥。

布达拉宫：林拉高速公路最后一个必须打卡的地点一定是布达拉宫。这座世界上最宏伟的宫殿建筑，是拉萨乃至西藏最为重要的象征。

林拉公路这么美，你，心动了吗？

（黄海英）

沿着高速看中国：“80 后”夫妻辞职环游世界，沿着林拉高速遍览雪域美景

你有过环游世界的梦想吗？2020 年 5 月，来自西安的一对“80 后”小夫妻，辞去工作，踏上了环游世界的旅途。4 个月，走过 6 个省（自治区），行程 2 万公里。他们就是抖音旅游达人“七年环球”。

“我们已经开启了新旅程，现在正在前往桂林阳朔的路上。”接受红星新闻记者采访的时候，“七年环球”已经开启了 2021 年新的挑战——计划用 7~8 个月时间，沿着中国西南、西北的边境线走一遍。“林拉高速是第一次旅行最大的惊喜，不仅将林芝和拉萨的行车距离缩短到 5 个小时，沿途雪域、高山、森林、农田、村落，满足你对世界最美风景的所有想象。”

4 个月行程 2 万公里，金融女硕士沿着高速公路环游世界

“总有一些高跟鞋走不到的路，总有一些喷着香水闻不到的空气，总有一些在写字楼里永远遇不到的人，人生短暂，我们想趁着年轻去感知真实而又辽阔的世界。”提起作出辞职去环游世界这一决定的初衷，“七年环球”的女生“狒狒”这样告诉红星新闻记者。

“狒狒”是一名经济学女硕士，曾就职世界 500 强企业，她的爱人也是一名海归。在决定辞职前，两人都忙于奔走在钢筋水泥的写字楼间。“人生短暂，我们想去见识世界的辽阔。”于是，2020 年 5 月，两人决定辞去工作，“环游世界是我们两个人共同的梦想，从名字就能看出来，要用七年时间来环球旅行。”或许是对于梦想的执着，让这样看似冒险的决定变得轻松起来，“狒狒”说，最初的目标是全球七大洲都去一遍，但受疫情影响，他们暂时将旅程放在国内，“沿着高速发现中国之美”。

2020 年 5 月，夫妻俩从西安出发，历时 4 个月，途经贵州、广西、云南、四川、西藏、青海 6 个省（自治区），行程 2 万公里。

“从西安驶出，包茂高速就给了我们很大的惊喜。”惊喜来自秦岭终南山公路隧道，“狒狒”告诉红星新闻记者，秦岭终南山公路隧道穿过整个秦岭山脉，创造了多项世界纪录，是“世界第一座最长的双洞高速公路隧道”“亚洲第一公路隧道”，隧道单洞长 18 公里，“开车需要行驶 15 分钟左右，隧道中也很漂亮，顶部全是日月星河。每隔一段距离，还会出现绿化景观带，两边种植绿树花草，而且灯光颜色也有所不同。”这是“狒狒”第一次在高速公路上感受到天堑变通途的便利。沿着高速公路，“七年环球”在旅行中不断了解这个世界，不断学习知识、分享知识。在他们发布的作品中，很难看到一些“网红”景点，更多的是烟雨古城、人迹罕至的秘境，以及最普通的人间烟火气。

“狒狒”说，不打卡热门景点是他们俩的共识，钟情于人迹罕至的秘境和古老的传说，沉迷于神秘的遗迹和失落的文明，去体会不同国家不同文化的魅力，带大家去看看这个包罗万象、无奇不有、丰富多彩的世界，是他们环游世界的初衷。

正因于此，第一次旅程结束回到西安，经过短暂的休整后，“七年环球”决定开启第二次旅程，“计划用 7~8 个月的时间，顺着中国西南、西北的边境线走一遍，行程计划在 4 万公里左右。”这样一份计划对于“狒狒”来说更是一项挑战，身体素质是一方面，“还想在旅行中及时分享自己的所见所闻、所知所感。”不过，“狒狒”也很有信心，“勇于面对挑战，这也是年轻人应有的态度。”

一路走　一路发现美的心境

在两次旅程的行程中，有一个共同的目的地——西藏。“狒狒”说，已经去过两次西藏，每次都有很大的惊喜，“以前去西藏，走的都是 318 国道，但去年环球旅行的第一段旅程中，林拉高速让我印象特别

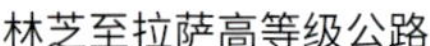

林芝至拉萨高等级公路

深，从拉萨到林芝只需要5个小时左右的车程，沿途风景简直美呆了。”

“狒狒”所说的林拉高速，是林拉高等级公路，这也是中国西藏自治区境内的一条城际一级公路，全长约409公里，这条公路不设立任何收费站，沿途更不会收取任何过路费。这条从“日光城”拉萨到“雪域小江南”林芝的天路，将太多的美景串联在其中，从雪山、森林、河流、湿地、草原到藏式村寨和农田，无不使得这条公路如流动的画卷一般，令人向往，被称为西藏目前颜值最高的公路。

“第一次去西藏的时候，因为修路的原因没有走林拉高速，第二次果断前往打卡，果然不虚此行。”在“狒狒”看来，这是一次弥补遗憾之旅，更是一个刷新感知之旅。“狒狒”说，不同于其他全封闭的高速公路，林拉高速中间有很多匝道或者说是观景平台是敞开的，“这一路，你会与尼洋河并行，欣赏两岸醉人的风景，会越过山川、跨过河流，看到小村惬意，看到雪山清凉，更会看见五彩斑斓的树林，从山前到山顶，从眼前到远方。”“狒狒”说，林拉高速将以前险峻的路途变成了坦途，“让人恍然间有身处平原地区高速公路的错觉”。

“狒狒”告诉红星新闻记者，2021年开启的环球旅行第二段旅程，他们将再次前往西藏，虽然前往西藏的线路可能会有所不同，但林拉高速将是必去的一条，“旅行不是为了赶路而行的旅游，它应该是一路走一路发现美的心境。”对于“狒狒”夫妻俩来说，林拉公路在每一个季节都展露着它不同的魅力，春意盎然漫山鲜花绽放，夏季碧波荡漾，秋天金秋艳林，冬日白雪皑皑……无论何时去都会被这一路的风景所打动，“欢迎大家沿着林拉高速，一路感受多面的西藏。”

（李彦琴）

2021年5月31日　红星新闻

沿着高速看中国：绝美林拉公路带来好生意，四川小伙给藏族同胞送家电

2019年之前，四川小伙晏迁没有想过，他会去高原发展事业。现在，西藏林芝的6家互联网家电专卖店，月订单量超千单，全部由他负责从拉萨仓储中心运送到店。随着事业走上轨道，晏迁也定了一个小目标：2022年每月订单能再多六七百单。

让晏迁感到特别庆幸的是，他到林芝之前，林芝至拉萨高等级公路就修好了，大大节省了物流时间和成本。

林拉公路缩短4小时车程

大大节约出行时间和运输成本

十年前，晏迁和大哥一起加入京东帮服务店。“刚开始，真挺艰难的！”他和哥哥每天开着面包车，沿着京昆高速公路从绵阳到成都拉货。随着经济发展，面包车换成了依维柯，再换成4.2米的货车、9.6米的货车……随着市场潜力的挖掘，兄弟俩的事业越来越红火。

后来四川绵阳也建了电商仓库，他们感觉轻松多了。同时顾客上午在网上下单，下午就能送货上门。漂亮的业绩给他们带来了一个新机会——去被誉为“西藏江南”的林芝开拓市场。是机遇，也是挑战。晏迁放弃舒适的生活，毅然前往高原发展，大哥则继续留川耕耘。

刚上高原的时候，晏迁很不适应，每天都感到缺氧、头晕。但他只用了一个月时间就克服了高原反应，开始跟着师傅去拉萨电商仓库拉货。为了保证林芝的用户头天下单，第二天到货，驾驶员师傅们每天都要开车往返拉萨和林芝。

“幸好有新路”，他说，从林芝到拉萨，走318国道，大约需要8个小时。而全长409公里的林芝至拉萨高等级公路将车程缩短至4个小时，大大节约了出行时间和运输成本，出行安全系数更是成倍增加，城市间交流更加便捷。

沿途绝美的风景也让他心情愉悦，特别是路过尼洋河畔的卡定沟。“卡定”藏语译为“人间仙境”，这里山势险要高耸入云，奇峰异石古树参天，落差近200米的瀑布飞流直下、雄伟壮观……他最喜欢的是卡定沟的冬天，湛蓝的河水与天空飘落的白雪相映成趣，煞是美丽！

林拉高速公路

刚开始一个月 200 个订单
如今增加四五倍

拉萨仓库每天下午 6 时发货，驾驶员师傅接着装货；大约当天晚上 10 时许回林芝，次日凌晨 3 时许到达。次日中午 11 时许，另一组驾驶员又开车前往拉萨。店里的驾驶员基本都是本地藏族同胞，晏迁称赞说，他们很能吃苦，对道路很熟悉，在拉萨装货沟通也很顺畅。“我们店里的藏族青年销售员也是既懂业务，又很吃苦耐劳，不厌其烦地与顾客沟通，介绍商品功能和价格对比。”对于网购家电，还需要口口相传，推广使用面。

他告诉红星新闻记者，自己刚去林芝的时候，一个月就 200 个订单，现在增加了四五倍。“以前，县城人民要跑很远的路，到林芝市区买家电这些大件物品，最远的察隅县有 500 多公里。”他说。2021 年“五一”期间，米林县和朗县新开了京东家电专卖店，包括最后一个通公路的墨脱县在内，都开通了专卖店，当地人购买家电更加便利省时，也更加便宜。

（严丹）

2021年5月5日 《人民日报》08版

穿越壮美山川
见证生活巨变

1988年10月，沪嘉高速公路建成通车；1999年，高速公路总里程突破1万公里；2013年，高速公路总里程超过10万公里，稳居世界首位；到2020年底，高速公路总里程增至16万公里，覆盖99%的城区超过20万人的城市和地级行政中心……

高速公路拉近了不同区域间的距离。如今，高速公路以占公路总里程3.1%的比例承担了全国58.2%的公路货运量，为一个个交通闭塞的地区打开了大门，为经济社会发展提供了坚实保障。

高速公路展示了我国科技创新的雄厚实力。世界上穿越沙漠最长的高速公路——京新高速公路完工，世界公路建设史上施工难度最大的桥梁——港珠澳大桥通车，攻克高原冻土、膨胀土、沙漠等特殊地质公路建设技术世界级难题……广大建设者逢山开路、遇水搭桥，打造

林拉高速公路

拉贡高速公路

了一张张举世瞩目的亮丽名片。

高速公路如一条条流光溢彩的“绸带”，横跨星罗棋布的江河沟壑，穿越大江南北的壮美山川。首条穿过热带雨林的高速公路思小高速公路、桥隧比高达 82% 的雅康高速公路、沿线风景秀美风光绮丽的景婺黄高速公路……一条条高速公路穿梭在绿水青山之间，描摹出一幅幅令人陶醉的生态画卷。

最美的风景在路上。让我们沿着高速看中国，去饱览大好河山，去发现生活巨变！

（刘志强）

塌方和嘎玛沟泥石流，2016 年海通沟特大洪水灾害，2017 年怒江沟大型塌方，2018 年“天路 72 拐”大型泥石流，2019 年嘎玛沟大塌方等重大抢险救援任务。

这支忠诚如磐石、抢险作柱石、奉献当路石、意志胜金石的中队，始终坚持一个信仰，就是忠诚、奉献；始终秉承一种精神，就是不畏艰难险阻，不怕流血牺牲。每名官兵到中队后的第一课就是参观荣誉室，里面存放着记录中队 24 年光辉历史的一块块奖牌、一面面锦旗，这些让一代代官兵在耳濡目染中感悟信仰的力量，催生强军动力；每逢清明、“八一”建军节，中队就把官兵集中到怒江桥英雄阵地，在“排长跳江图”前给大家讲述十八军先辈逢山开路、遇水架桥的英雄壮举，激励官兵弘扬优良传统、矢志献身天路。

“天路 72 拐”，路窄、弯急、坡陡，雨季飞石塌方，冬季风雪冰冻，时刻考验官兵的意志。

春季预防性养护，他们修补冰雪消融、重车碾压后出现的道路坑槽，要把 160°C高温的沥青拌合料快速填筑、摊铺，踩着不仅烫脚，冒出的黑烟还特别呛人，一天下来整个人都成了沥青色。夏季养护大

“天路 72 拐”

“天路 72 拐”

干，主要进行路肩加宽、路容整治、边沟清理等工作。他们每天起早摸黑出门，披星戴月返营，官兵们晴天一身灰，雨天一身泥，有的脸上晒得脱皮起斑，有的双手满是血泡，有的连续作业下来腰都直不起来。秋季抢险救灾，因山体疏松、降雨频繁，导致塌方、泥石流不断，他们枕戈待旦、闻灾即动，部队几乎是天天抢、连轴转；有时多点展开、多处抢通，有时随抢随断、随断随抢，无论是暴雨肆虐还是飞石侵袭，官兵始终坚守战位、无所畏惧。冬季除雪保通，官兵们顶着零下 20°C 的严寒清理积雪和暗冰，有的耳生冻疮红肿发痒，有的患上雪盲症眼睛红肿、眼泪直流。

2019 年 12 月，“天路 72 拐”暴雪不断，造成 20 公里道路受阻，100 余名驾乘人员被困。灾情就是命令，官兵迅速抵达现场。他们发现路段积雪厚度平均达到 1.5 米以上，漫山白雪让人睁不开眼，寒风呼啸让人呼吸困难。为尽快解救群众，他们火速组织人员机械全力抢通。但推进不到一半，除雪机突然熄火，抢通被迫中断。时间就是生命。操作手李亚东急忙跳出驾驶室，钻进车底，一番检查后才发现是油管冻裂导致机械骤停。找准故障后，李亚东就趴在雪窝里，用冻僵的双手拿起扳手，慢慢地把新换油管的螺丝一转又一转地拧紧。机械重新启动，抢通得以继续。经过 9 个小时的鏖战，他们成功打通道路，获救车辆不停地向官兵们鸣笛致意。

更有藏族同胞感激地呼喊："金珠玛米亚咕嘟。"

为国戍边不仅需要舍小家、顾大家，更需要坚守初心、不计得失。西藏虽远，可再远也是祖国的领土；守护天路虽苦，可再苦也得有人去坚守。在守护天路的岁月中，中队官兵无惧心肺增大、血液黏稠等高原疾病，克服常人难以忍受的枯燥和孤寂，把自己像钉子一样钉在了这条生命线上。

在中队服役了 14 年的班长莫未，2020 年回家休假时，刚进家门就被泼了一盆"冷水"。两岁的女儿望着他那双眼通红、嘴唇发黑、头发稀少的沧桑"老脸"，吓得躲在妈妈身后，怎样也不愿与他相认。当他伸出手抚摸女儿的小脸时，没想到女儿却哇哇大哭起来，原来是他满是老茧的糙手弄疼了女儿。他只能强忍着内心的酸楚，微笑着安抚女儿。类似的情景在中队官兵中还有很多很多，如果没有亲身经历，根本无法想象高原筑路兵的坚守和付出，更无法体会高原筑路兵亲人们的坚强与不易。

中队官兵传承"两路"精神，有着很现实而具体的载体。多年来，他们坚持帮扶邦达村贫困户旺修和四郎；与邦达镇中心小学结成警校一家亲对子。

漫漫光辉历程，从组建以来，中队荣立集体一等功 1 次、三等功 2 次，被武警部队表彰为"基层建设先进中队"，被交通运输部表彰为"全国模范道班"，5 次被总队表彰

"天路 72 拐"

为“基层建设标兵中队”“先进基层党支部”。

身为“两路”精神传人，中队接起历史接力棒，扎根雪域天路，坚守着川藏线海拔高、灾害多、天路险的业拉山，在恶劣的环境下戍守忠诚，无私奉献，保障着川藏公路的安全畅通和各族群众的安居乐业。

记者手记：

让“两路”精神代代相传

益西加措

“一不怕苦、二不怕死，顽强拼搏、甘当路石，军民一家、民族团结”的“两路”精神，激励着武警某中队官兵奋斗不息、坚毅前行，创造了连续 24 年在“天路 72 拐”零伤亡的战绩，把难于上青天的川藏天堑变成了通途大道。

修筑川藏公路、青藏公路的“老西藏”们，用坚定的信仰和大无畏的革命精神写就了辉煌的历史答卷。他们忠诚于党、无私奉献、勇于牺牲的鲜明品格，超越时空，激励后人。“两路”精神，激荡时代，“两路”精神，历久弥新。当年“两路”建设者的美好憧憬，如今已然化为灿烂的现实。面对新时代的壮丽前景，我们只有一代又一代地传承他们的精神和品格，才能很好地赓续红色基因，发扬优良传统。我们只有在“两路”精神的感召和指引下，不忘初心，矢志奋斗，才能无愧于伟大时代，不负人民重托。

（益西加措、刘倩茹、旦增、陈荷花、王珊、胡文）

因路而美　高原处处展新颜

越，是党中央高度重视西藏发展稳定、高度关心西藏各族群众生产生活的缩影。

旧西藏没有一条正规的公路。西藏和平解放后，以人民解放军为主的筑路大军克服艰苦的自然环境和施工条件，修通川藏、青藏两条公路。如今，西藏公路通车里程达11.88万公里，乡镇、建制村通达率分别达100%、99.96%。

党的十八大以来，西藏铁路发展进入快车道：2014年，拉萨至日喀则铁路通车；川藏铁路拉萨至林芝段2021年4月1日进入静态试验，即将通车运营……中铁建工集团拉林站房项目部负责人张亚军，2005年曾参与青藏铁路拉萨站房建设，望着即将竣工的林芝站，他说："当年我们怎么也想不到，在平均海拔超过4000米的高原上，铁路建设的速度会这么快！"

党中央历来高度重视西藏工作、深切关怀西藏各族人民。特别是党的十八大以来，以习近平同志为核心的党中央深化对西藏工作的规律性认识，总结党领导人民治藏

林芝至米林机场高等级公路

稳藏兴藏的成功经验，形成了新时代党的治藏方略，不断推进西藏长足发展和长治久安，使西藏发展呈现蓬勃生机和强大活力，人民群众获得感、幸福感、安全感不断增强。

“十三五”时期，国家规划安排西藏 197 个项目，规划期投资 3807 亿元，其中中央政府投资 2674 亿元；截至 2020 年 10 月底，中央政府累计向西藏投资 3136 亿元，高出规划投资额 17.3%。

据统计，西藏和平解放 70 年来，国家累计投入 1 万多亿元，实施了 800 多个重点建设项目，西藏交通、能源、水利等各领域产生了翻天覆地的变化。

2019 年 3 月国务院新闻办公室发布的《伟大的跨越：西藏民主改革 60 年》白皮书显示，1980 年至 2018 年，中央向西藏的财政补助累计 12377.3 亿元，占西藏地方财政总支出的 91%。“也就是说，西藏每用出 100 元，有 91 元来自中央财政支持。”西藏自治区政府有关负责同志说。

中央支持西藏、全国支援西藏，

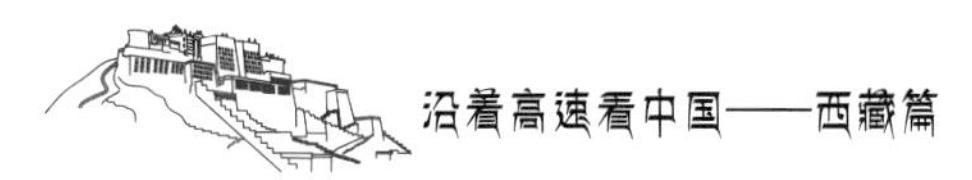

2021 年 5 月 31 日 《经济日报》03 版

沿着高速看中国：沿线致富的“加速器”

碧蓝的多布湖上，一座笔直的特大桥飞跨其上。这是拉萨至林芝高等级公路上的多布特大桥。在大桥前方的湖畔，“华侨城汽车营地”几个字分外醒目。

几年前，汽车营地选址在拉林高等级公路沿线的多布湖畔并开始建设。2019 年 4 月拉林高等级公路全线通车后，当年 7 月林芝华侨城南山国际汽车营地就对外试营业。伴随知名度的提升，现在营地的入住率节节攀升。

“一些顾客从拉萨出发前才订房，根本订不到。”汽车营地负责人杨清军介绍，由于拉林高等级公路的开通，从拉萨到林芝仅需 4 个小时，到营地 3 个多小时，前来过周末的人不少。

林芝有“雪域江南”之称，和西藏其他地市相比，气候和自然条件都比较宜居。随着交通越发便利，到林芝度假的游客逐年增多，林芝的“旅游饭”越吃越香。除了 2020 年受疫情影响，近年来林芝的旅游接待量每年都以超 20% 的增速增长。2021 年 3 月 27 日，林芝桃花节开幕，短短 3 天，全市接待游客达 25.6 万人次，实现旅游收入 9500 多万元，与 2019 年同期相比分别增长 32.59% 和 96.83%。

驱车行驶在拉林高等级公路上，沿线各服务区门庭若市，停满了旅游大巴。

工布江达县位于拉林高等级公路旁，也是西藏的旅游大县。拉林高等级公路的开通不仅给旅游业带来了机遇，更促进了县域经济结构的调整升级。工布江达县立足自身资源禀赋，利用高速公路带来的便利，将发展扶贫产业作为脱贫攻坚重要抓手，形成了“东部藏猪、中部城郊、西部牦牛”的产业布局，截至 2021 年 4 月共整合资金 7.68 亿元，实施产业扶贫项目 99 个。

“便利的交通让县里的农特产品能够更快、更畅通地销往林芝、拉萨，并且走出高原。”工布江达县副县长王静介绍，工布江达产业扶贫项目年带动农牧民群众稳定就业 180 余人，人均月工资 3140 余元。

对 37 岁的洛桑赤烈来说，拉林高等级公路开通后，不仅交通更

拉萨至林芝高等级公路

方便了，往返拉萨、林芝更快了，更重要的是他的合作社将会有更大的发展机遇。

2016 年 4 月，洛桑赤烈开办了一家制作藏装和手工艺品的合作社，取名工布江达县惠民服装加工合作社，并在县城租了铺面开了专卖店。2020 年，新厂房扩建，他将厂房选址到了拉林高等级公路工布江达县出口旁。最近他正忙着装修新厂房的产品展示厅。

“选在高速路口，有利于我们和旅行社合作。旅游大巴的停靠将带来更多游客，真正让民族手工艺品成为旅游纪念品。”洛桑赤烈盘算着。

拉林高等级公路不仅让洛桑赤烈这样的沿线农牧民参与旅游业的热情越来越高，也让林芝的商路更加畅通，越来越多的企业前来投资兴业。

“以前，要致富先修路是共识。现在要发展，还得有高速。”林芝市商务局副局长姚万庆介绍，交通便利了，林芝的电子商务也越来越好做了。2020 年，林芝 50 万吨苹果就通过电商一销而空。还有运营跨境电商的公司主动来接洽，想在林芝发展跨境电商业务。

林芝市市场监督管理局的数据显示，2020 年，林芝市场主体总量突破 2.7 万户，5 年增长了 135.4%。

伴随拉林高等级公路开通，林芝全市步入发展的“快车道”。2020 年，林芝地区生产总值达 191.34 亿元，5 年来年均增长 9%。按照“跨河发展、两翼齐飞”发展格局，林芝城市建成区面积增加到 13.5 平方公里。城市不仅逐渐变大，也变得更美了。

（代玲）

西藏养路工人：与自然抗争用爱浇筑“生命线”

“养路为业，道班为家，以苦为荣，苦中有乐。”26 日，中新网记者第一次见到 48 岁的尼玛次仁时，他正在大风里和同事蹲着埋头修理一台路面切割机，搓着满手的油污不好意思和记者握手。

5 月为全国路政宣传月，5 月 26 日为“我爱路”宣传日。当日，中新网记者来到了平均海拔 4300 米的西藏自治区山南市的扎囊养护段国道 349 线（原省道 307 线）二工区，探访公路养护工人们的工作情况。

尼玛次仁是二工区的区长，工区负责的管养路段约 40 公里，该公路是山南市浪卡子县和洛扎县的必经之路。位于浪卡子县的羊卓雍措被称为“碧玉湖”，每年吸引着数以万计的游客前往观赏“打卡”，看着在这条景观大道上畅通驰骋的车辆，少有人注意到这是工区十多名工人常年养护的结果。

转眼之间，尼玛次仁在这个地方养护公路已有 32 个年头。他回忆起 20 世纪 90 年代初期，当时养护的这条土路仅有 10 公里左右，他们的工作“伙伴”除了那辆“突突”慢行的拖拉机，就剩一两匹骡马帮忙平整路面。更别提一到雨季，泥石流、塌方导致路面损毁，工人们经常要在马路上几天几夜地抢通。

“2002 年，这条公路开始施工。”土路马上要变油路，这个好消息让尼玛次仁开心得睡不着觉，逢人便告知这个好消息。2004 年，公路正式通车，他看着眼前平坦干净的柏油马路，顿时眼睛一阵湿热，他同时也在心里告诉自己：一定要像保护自己的孩子一样，保护这条路的平安与畅通。

第二年，他向扎囊养护段党支部递交了入党申请书，他想用党员的身份与使命，让自己更好地完成公路养护工作，他向组织保证：我会尽职尽责，把全部心血、汗水都倾注在公路养护与管理事业上，一步一个脚印，勤勤恳恳、任劳任怨。

每当发生泥石流、塌方落石等自然灾害导致公路中断时，尼玛次仁无论何时何地总是带着工人们第一时间赶到现场进行抢通。

2018 年入夏的一个夜晚，降雨持续不断。已经躺下的尼玛次仁接

扎囊道班

到消息，公路发生泥石流，有一辆车被困其中，等待救援。他立刻披上雨衣开着机械车和工人们一起赶往现场救援抢通。“泥水不断从山上流下，我们刚清理完，地面马上又积满了泥水。”参与抢通的索朗贡杰回忆，为了保障车上人的安全，尼玛次仁组织大家先用机械车将被困在泥水里的车辆小心拖出，再进行道路清理抢通。

那天，十几名工人们一夜未眠。天蒙蒙亮，雨停时，道路也随之畅通。

扎囊养护段段长次旦卓玛告诉中新网记者，位于该养护段的工区共有 13 个，养护里程达 1222.22 公里。其中，包括了一个位于海拔 5000 多米的普玛江塘乡，这是中国海拔最高的工区。大家虽然工作环境艰苦，但是却没有人在工作岗位上懈怠与抱怨。

现在年轻的一线养护工人里，很多都是“路二代”，他们在路上成长，被称为“公路的孩子”，对公路有着特殊的感情。“他们现在正是青春昂扬、朝气蓬勃的时候，却长期在外风吹日晒，都有着一张张

饱经风霜的脸。”次旦卓玛说。他们继承了先辈们的“老西藏精神”与“两路”精神，没有在恶劣的自然环境中畏惧与退缩，而是凭着坚韧的勇气和毅力与之抗争，在这片雪域大地上，用爱养护着一条条“生命线”。

（赵延）

2021 年 5 月 23 日　新华社

卫星见证，70 年的“高原巨变”

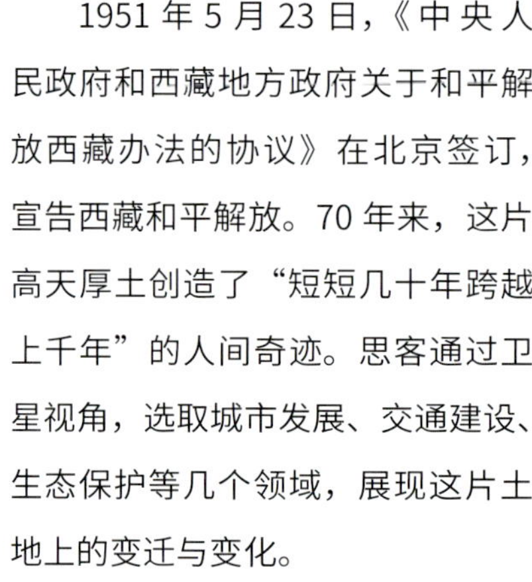

1951 年 5 月 23 日，《中央人民政府和西藏地方政府关于和平解放西藏办法的协议》在北京签订，宣告西藏和平解放。70 年来，这片高天厚土创造了“短短几十年跨越上千年”的人间奇迹。思客通过卫星视角，选取城市发展、交通建设、生态保护等几个领域，展现这片土地上的变迁与变化。

城市巨变：宜居、宜业、宜游

由于地理、自然、历史的原因，西藏发展落后于全国其他省（自治区、直辖市），是全国唯一的省级集中连片特困地区。

根据西藏的特点和需要，中央在财政、金融、税收、物资、技术、人才等方面持续给予西藏各方面特殊的扶持，努力帮助西藏加快发展，提高当地群众的生活水平。

党的十八大以来，在全面建成小康社会的过程中，加大了全国支援西藏脱贫攻坚的力度。2019 年年底，西藏宣布实现了 62.8 万贫困人口脱贫，取得了消除绝对贫困的胜利。

随着西藏人居环境的不断提高，高原隐藏的美丽不再孤芳自赏，一大批生态宜居、宜业宜游的美丽乡村成为新晋网红打卡地，吸引着全国各地的游客。

路网穿行：打通“高原孤岛”

和平解放之前，西藏没有一公里现代意义的公路。“乱石纵横、人马路绝、艰险万状、不可名态”是过去西藏交通的真实写照。人背畜驮的原始交通运输方式，严重制约了西藏经济社会的发展。

从 1951 年数十万筑路大军以青春、热血乃至生命在世界屋脊创造了前所未有的奇迹，到 2013 年“莲花秘境”墨脱告别“高原孤岛”之路；从青藏铁路建设破解三大世界性难题到加快推进“世纪工程”川藏铁路建设……西藏交通 70 年蝶变，背后有着一代代人的艰辛付出。

如今，一个个穿越高山沟壑的高海拔公路隧道，一座座横跨大江大河的高架桥，宛如气势恢宏的“长虹”；一条条宽阔平坦的柏油路，犹如飘飞的“哈达”，在高原大地舒展开来，成为一道亮丽的风景线。

除了陆路交通，几条航线的开通，也让西藏各族人民实现了航空梦。

50多年来，从“雪域江南”林芝到“世界屋脊的屋脊”阿里，从“藏东明珠”昌都到“高原粮仓”日喀则，5座高高原机场架起了连接世界的“空中金桥”，航空已成为西藏重要的交通方式之一。

生态保持：青山常在、绿水长流

作为青藏高原的主体，西藏境内江河纵横、湖泊密布，被誉为“亚洲水塔”，是我国以及南亚、东南亚地区的“江河源”。

位于雅鲁藏布江中游的西藏自治区日喀则市南木林生态示范区，曾经是一片戈壁荒滩，土地沙化严重，村民吃够了环境恶化的苦，喝茶都得先涮掉杯子里的灰尘。

2014年至2017年，国家投资1.5亿元，在南木林生态示范区内植树造林3万余亩，2018年至今又种植了1万亩的生态林。这条长达50多公里的“生态绿洲”，成为雅鲁藏布江沿岸的一道靓丽风景线。

西藏高原各类生态系统结构整体稳定，生态质量稳定向好，主要城镇环境空气优良率保持在95%以上，雅鲁藏布江等主要江河湖泊水质保持在Ⅰ类和Ⅱ类水质标准。今天的西藏，青山常在、绿水长流、空气常新，仍然是世界上环境质量最好的地区之一。

七秩时光，西藏各族人民筚路蓝缕，在“世界屋脊”上开拓着现代文明的奇迹，书写着砥砺奋进的壮美史诗，卫星视角见证了这片高天厚土创造的“短短几十年跨越上千年”人间奇迹。

（编辑：郭建伟、马宇聪）

2021 年 5 月 25 日 《西藏商报》03 版

进出藏高速大通道将加速打通

高岭耸云、大河横空，交通不便一度成为制约西藏经济社会发展的瓶颈。西藏和平解放 70 年来，全区交通运输发生了翻天覆地的变化，自治区交通运输厅数据显示，全区公路通车里程达到 11.88 万公里；西藏民航航线总数达 140 条，通达 66 座城市；2006 年青藏铁路通车，2014 年拉日铁路通车……如今，全区已基本形成了以公路、铁路、航空为主体的综合立体交通网络。

时间见证成长，奋斗定义时光。放眼雪域高原，一条条公路通车、一列列火车疾驰、一架架飞机起落，这是西藏交通发展的亮眼“成绩单”，更是“十四五”交通扬帆的起航速度。

砥砺前行 “成绩单”亮点纷呈

在拉萨市区，青藏公路和川藏公路交会处，屹立着一块建成于 1984 年的“川藏青藏公路通车纪念碑”。1954 年 12 月 25 日，全长 4360 公里的川藏、青藏两条公路同时通车拉萨，宣告西藏现代交通事业诞生。1965 年修建贡嘎民用机场，随着北京—成都—拉萨航线正

拉林高等级公路

式通航，西藏航空事业踏入新纪元；2006年青藏铁路通车，标志着西藏现代化交通网络建设步入快速发展阶段；2011年7月17日，西藏第一条高速公路——拉贡机场高速公路正式通车，标志着雪域高原驶入了高速公路时代；拉日铁路通车、拉林高速公路通车、G6京藏高速公路拉萨至羊八井段通车运行……近年来，西藏交通事业“成绩单”亮点纷呈。

这是一组意味深长的数据：“十三五”时期，全区公路通车里程达到11.88万公里，创造了年均增长8100公里的高原奇迹，一级及以上公路通车里程由2015年年底的38公里增长到688公里。全区所有县（区）和476个乡镇、2050个建制村提前实现具备条件的乡镇和建制村全部通客车目标。目前，全区已通车高等级公路达到728公里。

56年里，随着西藏民航事业的发展，5座高高原机场架起了连接世界的“空中金桥”。截至目前，西藏民航航线总数达140条，通达66座城市。如今，航空运输已经成为西藏连通祖国内地乃至世界的重要运输方式，是名副其实的“运输保障线”“空中生命线”“民族团结线”和“社会进步线”。

铁路运输是西藏重要的交通运输方式之一，进入5月，青藏铁路、拉日铁路又开始了全年的客运货运高峰。如今，青藏铁路格拉段扩能改造工程建成投运，川藏铁路拉林段即将建成、雅安至林芝段开工建设，全区经济社会快速发展也将再添新动力。

保障民生　发展按下“快进键”

“自从2013年墨脱公路正式通车后，出入方便多了。”珍嘎说，她出生在墨脱，祖祖辈辈生活在墨脱。此前，由于不通公路，墨脱人的衣、食、住、行，无一不透着艰辛。每年墨脱需要的五六千吨的生活物资和建筑材料，只能等到冰雪融化的开山季节，人背马驮运进。自从墨脱公路通了之后，哥哥、弟弟购买了汽车、成立了建筑公司，在当地还开起了家庭旅馆，生活比以前富裕了。2020年4月，从林芝市区到墨脱县城的班线客运车已开通。“从墨脱县城坐班车到林芝市区，再经拉林高速到拉萨，太方便了。”珍嘎说。

党的十八大以来，西藏交通领域的重点项目加快推进。“十三五”期间，通过“四好农村路”建设，让几百万农牧区群众走上了“幸福路”、坐上了“平安车”。五年来，西藏共实施农村公路建设项目3123个，新改建农村公路3.82万公里，解决了286个乡镇、2905个建制村、236个抵边自然村、391个集中易地扶贫搬迁安置点（区）道路连接线通畅问题。目前，全区七市（地）全部实现了公交车运营全覆盖，公交智能化发展也迈进一大步，拉萨公交实现与全国交通一卡通的互联互通，移动支付得以广泛应用。随着现代科技和互联网的发展，区内各族群众将享受到更舒适、更便

拉日高速公路

捷、更经济的出行服务。

截至目前，西藏交通网络日益完善。拉萨至林芝、贡嘎机场至泽当、日喀则机场高等级公路通车运行，那曲至拉萨、拉萨至日喀则机场高等级公路正加速推进。在保障民生方面，西藏交通运输事业按下了“快进键”，实现了跨越式发展，为全区经济社会发展、民族团结进步、边疆长治久安，以及促进脱贫攻坚提供了强有力的支撑与保障。

超前谋划　绘出“十四五”蓝图

觉果是拉萨市当雄县乌玛塘乡郭尼村的货车驾驶员，听说2021年6月底G6京藏高速公路羊八井至那曲即将通车试运行的消息后，他非常高兴。“拉萨至那曲高速全线通车后，我当天就能在这条线上跑个来回而不必在外过夜，运输成本降低可以让收入更高。”觉果说。

“从拉萨开着汽车走高速公路到北京看天安门。”这是西藏交通运输部门向全区和全国人民许下的美好承诺之一。2021年6月底，G6京藏高速公路羊八井至那曲段将通车试运行，走高速公路进出西藏又

多了一种新的选择。

“十四五”期间，西藏交通建设将围绕稳定、发展、生态、强边四件大事，以建设“交通强国”西藏试点为契机，加快打通进出藏高速大通道，力争启动 G6 京藏高速公路格尔木至那曲段建设；全面提高川藏公路技术等级，通过增加隧道和桥梁设置，处置所有险要路段，尽快完成国道 318 线目前“穿城而过”的 4 个县城过境路段的绕避，显著改善国道 318 线通行条件和安全水平。

到 2025 年，西藏交通运输高质量发展将取得突破性进展，以拉萨为中心的“3 小时综合交通圈”基本建成，全区国道全部“黑色化”，实现所有乡镇和具备条件的建制村通硬化路、通农村客运。如今，交通建设正成为拉动西藏经济社会发展的“主引擎”，在美好蓝图引领下，西藏将翻开交通事业发展新篇章。

（张雪芳、邹承光）

2021 年 5 月 19 日　中国新闻网

09

西藏墨脱背夫忆往昔：公路通了苦变甜

“以前进出墨脱太艰苦了，嘎隆拉雪山的雪崩、落石和悬崖，几乎年年在随机吞噬试图翻越者的生命。”近日，西藏自治区林芝市墨脱县达木珞巴民族乡贡日村村民委员会主任次仁桑珠在接受中新社记者采访时说。2013 年墨脱公路通车前，当地年龄稍长的男人，很多都从事过如今已成为记忆的职业：背夫。

墨脱藏语意为“莲花秘境”，位于西藏东南部雅鲁藏布江下游，喜马拉雅山脉东端南麓，此前因不通公路被称为“高原孤岛”。

次仁桑珠说，20 世纪 90 年代至 2010 年前后，从嘎隆拉雪山背运物资到现贡日村转运点，最高时一斤的运费达 10 元。背夫们一次背负 100~120 斤，单趟需要 3 天。

66 岁的陈全银如今安家于墨脱，他的爱人措珍是珞巴族人。他回忆，记忆中 20 世纪 70 年代墨脱公路在修，90 年代也在修，至 21 世纪初，只能全力保障分段实现物资转运。“夏天背夫、骡马还有少部分汽车把物资装上，翻过嘎隆拉雪山后堆放在现在贡日村的台地上，冬季嘎隆拉大雪封山，而南段塌方、泥石流少了，再转运至墨脱县城。”

陈全银回忆，大约是 1994 年 8 月，自己在背着一篓物资翻山时，险些被雪崩掩埋，“还好雪量不大，人被积雪铲倒后一起往山下滑了大概 20 米就停下来了。”他说，事后自己继续将散落的物资捡回背篓，翻过雪山。

由于公路不通，山路难行，此前墨脱的经济社会发展极为缓慢，刀耕火种的生产方式长期存在；墨脱县城没有报纸、电影院、书店；县医院条件有限，部分非急病、重病患者由于缺乏药品或因转运耗时过长而死亡。

墨脱人望眼欲穿，盼望一条畅通的公路。

2013 年 10 月，历经近半世纪，被难以计次的塌方、泥石流以及雪崩不断损毁的墨脱公路，“屡毁屡建”，终于实现长期性建成通车。

5 月 16 日，记者乘车从墨脱公路起点处波密县扎木镇出发，一路向南，先是海拔不断上升，背

一期竣工后的波墨公路

夫们所说的嘎隆拉雪山被隧道贯通，3 分钟左右便穿行通过，此后车辆沿峡谷、河流蜿蜒而下，公路两侧飞瀑流云，景色从林海雪原变成了热带雨林，直至墨脱县城。除去采访时间，大约 3 个多小时便可抵达。

次仁桑珠说，墨脱公路通车 7 年多以来，贡日村发生的变化只能用翻天覆地形容，村民们建新房、搬新居，改造农田、摆脱贫困，村里很多孩子都在读高中、大学。陈全银也说，他们一家一年纯收入超过 10 万元，自己过上了种几垄蔬菜、喝茶的悠闲生活。

在县城，记者看到这里规模虽不大，但街道干净整洁，宾馆、酒店、银行和政府机构等鳞次栉比。傍晚时分，民众或悠闲散步，或跳着锅庄舞，墨脱人已告别了原始、告别了落后。

墨脱县墨脱镇玛迪村村民扎巴此前也是背夫，他和爱人梅朵曲珍均为门巴族。“以前墨脱没有路，只有骡马道、溜索桥。”扎巴说，如今墨脱公路从自家门口经过。公路通车后，政府还为全村建了新房，他们四口之家只出了 4 万元，便分得了一套 180 平方米的院落。

19 日，记者再次见到扎巴时，他正和爱人向路过的游客售卖香蕉、柠檬等墨脱特产。他说，自家拥有 20 多亩土地，分别种着水稻、香蕉和甘蔗、柠檬等，2020 年在村里的支持下，还种了 5 亩茶，全家一年大概有 6 万元收入。

“对墨脱人来说，是公路带来了一切。”他说，墨脱第二条公路派墨公路也即将通车，到时墨脱将迎来更大的改变。

（江飞波）

2021 年 5 月 13 日 《西藏商报》04 版

拉日高速公路建设全面提速

近日，记者从自治区交通运输厅获悉，G4218 雅叶高速公路拉萨至日喀则机场段工程（简称拉日高速公路）建设全面提速。拉日高速公路路线全长 166.98 公里，设计速度 100 公里 / 时，双向四车道，按照一次性批复、分期实施的原则推进，分为控制性工程和中间段工程。其中，拉日高速公路（控制性工程）日喀则段目前已完成投资预算总额的 97%。待拉日高速公路全线实现贯通后，拉萨与日喀则间通行时间将由原来 5 个小时缩短至 3 个小时之内，对完善西藏路网结构、改善进出藏通道的行车条件和少数民族地区生产、生活条件等具有重要的意义。

“十三五”以来，西藏经济社会各项事业迈入了快速发展阶段，交通运输需求日益旺盛，现有道路已无法充分适应发展需求。目前，拉萨通往日喀则市的公路里程全长 245 公里。其中，拉日高速公路拉萨至曲水大桥、日喀则机场至日喀则市前后两段高速公路已建成通车，曲水大桥至日喀则机场段 166 公里仍然为二、三级公路。既有公路穿越仁布、妥峡峡谷内，路段灾毁风险严峻，道路阻断情况异常频繁，运输瓶颈特别突出。

建设中的拉日高速公路

拉日高速公路

拉日高速公路控制性工程全长75.87公里，分为拉萨段和日喀则段，分别位于拉萨至日喀则机场段高速公路的一头一尾。其中，拉日高速公路（控制性工程）拉萨段全长41公里，路线起自拉萨市曲水县协荣村，向西布设，经过曲水县城、达嘎乡、茶巴拉乡，终于茶巴拉服务区。拉萨段在协荣、曲水、达嘎3处设置互通式立交。该段于2019年3月开工建设，已于2021年2月1日正式通车试运行。另外，拉日高速公路（控制性工程）日喀则段路线全长34.87公里，位于日喀则市桑珠孜区，线路起于日喀则市桑珠孜区联乡大竹卡村，止于日喀则机场快速路。该项目于2019年3月30日开工建设，目前已完成投资预算总额的97%，该段贯通指日可待。

据悉，拉日高速公路（中间段工程）拉萨段全长46.05公里，起于色麦村（接控制性工程终点），桥隧比67.1%。项目于2020年6月20日开工建设，目前项目累计完成总投资的25.46%。拉日高速公路（中间段工程）日喀则段起自拉萨市尼木县卡如乡，止于大竹卡村，路线全长45.07公里，仁布县连接线里程长度为8.51公里，桥隧比72%。该项目于2020年6月20日开工建设。目前，项目累计完成总投资的31.2%。

拉日高速公路连接拉萨市和日喀则市，是西藏融入“一带一路”倡议、面向南亚开放的重要通道，是西藏“十三五”公路交通规划的重点项目之一，是拉萨市辐射藏西地区的纽带，是通往日喀则市和阿里地区的快速运输大通道。拉日高速公路全线实现贯通后，将加快西藏融入周边省份经济圈，推进沿线旅游产业升级，完善产业链条，提高区域国省干线公路快捷通达能力，为促进沿线地区经济社会的发展和区域交流，推进西藏跨越式发展、长治久安奠定坚实基础。

（贡嘎洛珠、冯涛、张雪芳、邹承光）

2021 年 4 月 26 日　人民日报客户端

生图能打！西藏这条高速公路计划 6 月底全线贯通

春日，那曲至拉萨高速公路施工现场一派热火朝天。G6 京藏高速公路那曲至羊八井段是国家高速公路网 G6 的重要组成部分、西藏自治区重大民生工程之一。项目全长 226.937 公里，设计行车速度为 120 公里 / 时，路基宽度 26 米，共设桥梁 145 座，其中特大桥 7 座；隧道 1 座，桥隧占比 16.78%。截至 4 月 15 日，完成施工图批复的 92.47%。

2020 年 10 月 1 日，羊八井至拉萨段通车运行，该工程剩余部分计划在 2021 年 6 月底全线通车运行。项目通车后将大幅促进沿线经济发展，改善少数民族地区生产、生活，对完善区域路网结构和功能等具有重大意义。

截至目前，西藏高速公路通车里程达 728 公里。“十三五”期间，西藏自治区全区完成交通运输固定资产投资 2516 亿元，是“十二五”期间的 3.7 倍，占西藏全部固定资产投资的三分之一；全区公路通车里程达到 11.88 万公里，创造了年均增长 8100 公里的高原奇迹，布局合理、功能完备的全区路网初步织就，公路管养全面深化，大型自然灾害和突发事件应急处置能力大幅提升。

那曲河特大桥

“遗忘的村庄”被这样唤醒

新华社记者张扬一行，结束在拉萨的工作，沿着拉林高等级公路前往林芝。雪山、蓝天、河流、桃花，一路上风光旖旎。路越修越宽、越修越好。曾经不起眼的乡村民宅，如今成了受旅人追捧的“网红”打卡地。

结巴村，位于巴松措景区内，这里的村民说，“结巴”藏语意为“遗忘”。近年来，随着民宿产业的蓬勃发展，这个之前“藏在深山人未识”的村庄，正吸引着越来越多旅客的目光。

通往巴松措景区的公路

2021 年 4 月 26 日　中新网图片报道

车在画中走
看大美西藏高等级公路

驾车行驶在高原崇山峻岭、碧绿的湖泊之间，举目便是蓝天白云及雪山、草原等，是一种什么样的体验？近日，中新网记者乘车分别途经拉萨至林芝、拉萨至羊八井等高等级公路和拉贡机场高速公路等路段，航拍、体验了西藏高等级公路沿线壮美的风光，感受高原“天路”之美。

（江飞波）

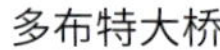

多布特大桥

2021 年 4 月 23 日　中国新闻网

沿着高速看中国：看航拍下的西藏“天路”有多美

如今，西藏交通网络日益完善，公路通车里程突破 11.7 万公里，高等级公路通车里程达到 728 公里。近日，小新分别航拍了拉林（拉萨至林芝）高等级公路多布湖及米拉山路段、拉贡机场高速公路以及青藏公路羊八井路段等高原“天路”。碧绿的湖水、巍峨的雪山以及深山峡谷……跟随航拍视角，一起来感受一下高原的“天路”之美！

（江飞波　制作：周璟）

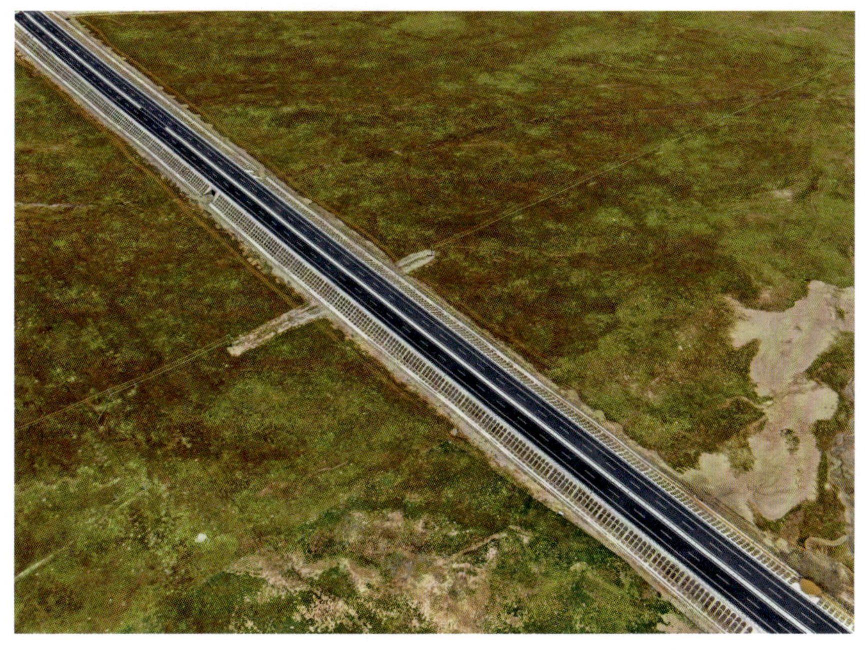

那拉高速公路

围绕四件大事　当好开路先锋

2021 年 11 月 8 日 新华网

“娜”一次援藏：翻雪山穿隧道，追逐路上的风景

进藏工作前，我一直担心自己出差采访时能否适应西藏颠簸的长途。然而，来西藏后的第一次出差，就彻底颠覆了我对西藏公路的想象。那是 3 月底，我刚刚适应了高原气候，准备和同事一起去山南做春耕直播报道。山南距离拉萨大约 2 个小时车程，海拔比拉萨低一些。由于当时拉林铁路还没通车，我们是坐汽车去的。

当汽车驶出拉萨市内平整宽阔的城市道路，我就做好准备迎接“颠簸之旅”了。没想到，2 个多小时的路程，所经之处都是高等级公路，宽敞又平坦。一路向前，蓝天白云与高原独有的山山水水交相辉映，美不胜收，随手一拍就是大片的既视感。

后来去林芝出差，坐车差不多要 5 个多小时，一路也都是高等级公路。其中一处隧道让我印象特别深刻。在幽暗的隧道中行驶了很久才逐渐看到远处的亮光。问过同事才知道，这是世界上海拔最高的特长公路隧道——米拉山隧道，将近 6 公里长，是川藏线（国道 318 线）

林拉高等级公路

世界上海拔最高的特长公路隧道——米拉山隧道

林拉高等级公路

林拉段高等级公路重点控制性工程。

当地跑运输的村民告诉我，以前从林芝往返拉萨办事至少要住一晚，还要翻越米拉山口，要走18公里，若赶上冬天下雪，天寒地滑，十分危险。现在通了高等级公路，翻山路程直接缩短到5.7公里，从林芝到拉萨，当天往返So Easy！

路的好处不仅仅是便利了交通，更在于连接了希望。

林拉高等级公路沿线的巴松措景区，湖水碧蓝，森林茂密，在西藏海拔相对较低。这里在2017年时被评为国家AAAAA级生态自然旅游景区。

随着林拉高等级公路的开通，前来巴松措的游客越来越多。错高乡党委副书记罗桑次旦告诉我，2021年以来，景区已接待游客7.6万余人次，旅游收入达450万元。

除了美丽的风景，到了巴松措，还有一家必须打卡的小饭馆。

这家饭馆店面不大。老板娘张建兰是重庆人，热情好客，忙得热火朝天，时不时操着四川话冲着厨房吆喝一声。她和先生自1999年起就开始在这里经营饭馆了，从沙石路到沥青路再到高等级公路，张建兰绝对是林拉公路发展的见证者。

林芝市工布江达县巴河镇饭馆经营者张建兰告诉我，2000年以前的川藏公路是沙石路，都没有客车，现在不仅有了沥青路，还建成了高等级公路。现在，在镇上购买食品和生活用品很方便。每年花5万多元从周边村民手中收购松茸、青冈菌等，生意不错，还雇了2名藏族服务员。

从林芝返回拉萨的路上，会路过墨竹工卡日多乡的“丁肉妈妈饭馆”。这家饭馆可是声名远播呀，也是川藏公路318国道上的网红打卡点。每次我们出差路过这里，都一定会就着饼来上一碗。

丁肉是什么意思呢？就是肉丁的意思。这里主营的是肉丁牦牛肉

细雨霏霏的巴松措景区

2021 年 5 月，我和同事采访“丁肉妈妈饭馆”经营者仁青桑姆（左二为仁青桑姆）

林拉高等级公路沿途风光

汤，汤味醇香浓厚，火候十足。吃完顿时浑身热乎乎，让人满血复活。店主藏族阿姨仁青桑姆，我们都很熟悉了。51 岁的她在 1998 年就开办了这家饭馆。她性格温和，笑容可掬，穿得干净得体。

“丁肉妈妈饭馆”经营者仁青桑姆告诉我，自 2016 年公路通车后，无论去拉萨还是（林芝）巴宜区都很方便。之前买菜要去很远的县和拉萨买，现在日多县里也有卖菜的了。

西藏的公路不仅宽阔平坦、高效便捷，而且沿途的生态环境可是其他任何地方都没法比的。驱车沿

那拉高速公路上跨 109 国道、青藏铁路

林拉高等级公路行驶，蓝天、雪山、河流、松柏尽收眼底。时不常地还会有猴子、马鹿这些野生动物跑出来，跟你来个不期而遇。

同事告诉我，林拉高等级公路横跨拉萨河谷、尼洋河谷，沿线海拔变化大，生态环境各异。当地在建设和管护中，投入近 4 亿元用于生态恢复，并首次在西藏公路交通建设中应用生态袋、生态毯、生态微孔基质等国际先进的柔性生态护坡技术。

而就在前不久的 8 月 21 日，G6 京藏高速公路那曲至羊八井段也通车试运行了。

但在高原上修路那可真是不容易啊。那曲至羊八井高速公路项目据说要面对地表层土冬季冻结、夏季融化的季节性冻土环境，设计、施工要克服路基沉陷、翻浆，以及路面开裂、变形等一系列挑战。

从 70 年前西藏没有一条正规的公路，到 1954 年康藏、青藏公路建成通车，再到 2011 年拉萨至贡嘎机场高等级公路建成通车，西藏终于结束了没有高等级公路的历史。

如今，多条高等级公路串联起雪域高原的高山峡谷、广袤草原、城镇乡村。条条大路通西藏。这一条条大道，让西藏变得四通八达，更是西藏老百姓通往幸福的大道。

向往雪域高原的你，动心了吗？翻雪山穿隧道，一起追逐路上的风景。

（董琳娜、刘洪明）

02

天堑变通途

——雪域高原十年交通变迁记

高原上雪山起伏连绵，山下雅鲁藏布江奔腾不息。翻开西藏地形图，千山耸立，万水奔腾，“世界屋脊”复杂的地质构造触人心弦。

然而，更动人心魄的，是复杂地质构造上越织越密的交通网——“高原孤岛”墨脱公路通车，以拉萨为中心的高等级公路网快速形成，复兴号首次开上高原，拉萨贡嘎国际机场 T3 航站楼投入运营……

党的十八大以来，西藏交通进入快速发展的历史最好时期，一条条团结线、幸福路在雪域高原延伸，不断创造交通奇迹，宛如高原人民走向幸福生活的“金色哈达”。

天路十年快速延伸

山峦叠翠的峡谷间，车辆穿梭于一座座大桥和隧道，一别昔日的通麦天险。

“提起通麦，过去很多老司机都提心吊胆。”多次跑川藏线的司机平措说。

处于“世界第二大泥石流群”的川藏公路通麦段，每年地质灾害达 300 多次，很多地方路宽仅容一辆车通行，一不小心就会连人带车掉入江中，有“死亡路段”之称。

治通麦，除天险，成为过往人员的最大期盼。

2012 年，总投资近 15 亿元

在拉萨贡嘎国际机场，乘客走下飞机（2021 年 12 月 30 日，新华社记者张汝锋摄）

这是川藏公路通麦路段上的迫龙沟特大桥（无人机照片，2019 年 10 月 27 日，新华社记者孙非摄）

的通麦段整治改建工程正式启动。2016 年工程通车后，全长 14 公里的通麦天险成为历史，整个通行时间由过去的 2 个多小时缩短到 20 分钟。

新时代西藏之变，路之变很有代表性：

2014 年，青藏铁路延伸线拉萨至日喀则铁路建成通车。

2019 年，世界上海拔最高的特长公路隧道——米拉山隧道建成，标志着全长约 400 公里的林芝至拉萨高等级公路全线通车。

2021 年，拉萨至林芝铁路建成通车，雪域高原进入复兴号时代，标志着复兴号列车实现 31 个省（自治区、直辖市）全覆盖。

2021 年，西藏最大的航站楼、拉萨贡嘎国际机场 T3 航站楼投运，标志着机场服务保障水平和运输承载能力实现全面提升。

西藏自治区交通运输厅厅长徐文强介绍，党的十八大以来的十年，是西藏交通运输事业发展最快最好的十年。

——自 2012 年至 2022 年 6 月底，西藏累计完成交通运输固定资产投资 3399.49 亿元。仅“十三五”期间，西藏交通运输固定资产投资就占全自治区固定资产投资总量的

青藏铁路拉萨至日喀则段的藏族女列车长贡久曲珍（右）与乘客聊天（2020 年 1 月 12 日，新华社记者觉果摄）

车辆驶入米拉山隧道（2019 年 4 月 26 日，新华社记者李鑫摄）

三分之一。

——公路总里程由 6.52 万公里增至 12.07 万公里；高等级（高速）公路通车里程由 38 公里增至 1105 公里；公路密度由 5.31 公里 / 百平方公里增至 9.78 公里 / 百平方公里。

——解决了 375 个乡镇、3479 个建制村通畅问题，乡镇、建制村通畅率分别达 94.4% 和 77.89%，分别较“十二五”末提高了 53.5 个和 63.6 个百分点。

天路带来美好生活

生活在高山峡谷的百姓，对于路有着特殊的感情与记忆。

59 岁的向嘎，曾多年当背夫，对于家乡墨脱的路有着刻骨铭心的记忆。藏在大山里的墨脱，2013 年之前不通公路，重要的物资只能人背马驮运进来。

“一次往返需要 7 天。有一次，有人突发重病，我和另外 10 多个背夫轮流背着病人出墨脱，路上还要翻越多雄拉雪山，很是辛苦。”向嘎回忆说。

从 20 世纪 60 年代起，政府多次投资修建通往墨脱的公路。但因地质结构复杂、自然灾害频发等因素，公路屡建屡毁。2013 年 10 月

31日，全长117公里的墨脱公路终于贯通运营。

向嘎从此不再当背夫，途中辛酸皆成过往。墨脱通车后，不少背夫购买了货车、皮卡、挖掘机等，从事运输或建筑行业，职业转变带来更高收入。

墨脱县委书记魏长旗说，公路修通极大方便了墨脱人民的出行、就医、就学，保障了当地民生和建设需要的物资。

如今，越来越多的农牧区群众告别了“晴天一身土、雨天两脚泥”的出行窘境，一些极难抵达的偏远的村落，修通了沥青路、水泥路，高原人民出行更加便捷。

2021年，世界上海拔最高的高速公路——西藏那曲至拉萨高速公路全线通车，拉萨到那曲的通行时间从原来的6个多小时缩减为3个小时。

“这两年很多家庭都买了小汽车与皮卡车，我们喜欢开车去拉萨。”那曲市牧民仓典说，周末可以带父母孩子到拉萨购物、看电影，还可以把自家的牦牛肉运到拉萨销售，一天时间往返自由。

这十年，新华社记者遍访西藏74个县（区），见证着高原交通之变：2017年进山南市洛扎县拉郊乡时的绝壁土路，已经拓宽成了水泥路；前往全国海拔最高县双湖的土路也翻修成了柏油路；边境盘山路中最惊险的大拐弯越来越顺畅……

在西藏阿里工作了20多年的原勇，对2003年第一次回山西老

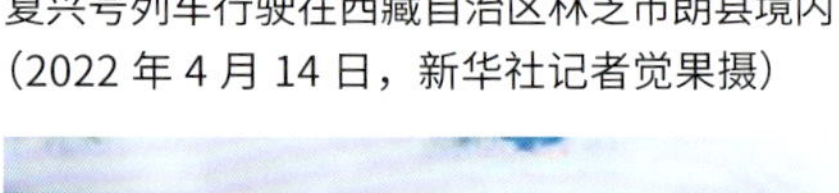

复兴号列车行驶在西藏自治区林芝市朗县境内
（2022年4月14日，新华社记者觉果摄）

这是通往日喀则市中尼边境吉隆口岸的乡村公路（手机照片，2021 年 5 月 14 日，新华社记者沈虹冰摄）

家过春节的经历记忆犹新：乘大巴沿新藏线抵达新疆西南的叶城，辗转乘坐火车到乌鲁木齐，再辗转到西安。最后经过 8 天的时间，终于回到了山西老家。

随着青藏铁路 2006 年开通，拉萨至阿里航线 2010 年正式开通，原勇的回乡路开始了“空中奔跑”，坐飞机整个行程缩短至不超过 10 个小时。

如今，西藏拥有 5 座机场、150 条航线，通航国内外城市达 68 座。“十四五”期间，西藏将新建完成 3 个支线机场，拉萨贡嘎机场二跑道也将开工建设。

天路催生发展变革

“我现在穿的衣服都是在网上买的，不仅更便宜，也更‘有范儿’。”27 岁的村民旦增指着身上的灯芯绒工装裤和脚上的马丁靴笑着说。

旦增的家乡位于喜马拉雅山南麓、珠穆朗玛峰脚下的日喀则市定结县陈塘镇。受地理位置影响，这个中尼边境小镇曾很长一段时间不通公路。

2017 年年底，通往陈塘镇的公路建成通车，汽车第一次驶入陈塘镇。2020 年，总投资 7.18 亿元的省道 514 线萨尔至陈塘段改扩建工程竣工，物流卡车每周都会抵达陈塘，催生了这里的网购热情。

天路纵横，连接的不只是万水千山，还带动了物流产业兴起。如今，西藏电子商务行业发展迅猛，网店、网购人员数量及消费额均呈快速增长趋势，许多特产借助电商平台走出高原。

在林芝市察隅县沙琼村，僜人迪龙通过制作短视频、直播带货等途径，介绍僜人文化和察隅县风情，推广当地特产。

“通过短视频和直播，家乡的野生灵芝、羊肚菌等特色产品走出大山，迈向更广阔的市场。去年我卖出去价值 100 多万元的家乡特产，这首先基于西藏交通条件的改善，

雪后的墨脱公路嘎隆拉隧道入口（无人机照片，2021 年 2 月 8 日，新华社记者孙非摄）

不然运都运不出去。”迪龙感慨着。

数据显示，2021 年西藏网上零售额实现 189.7 亿元，同比增长 61.1%，增速居全国第一。拉萨西站货物到发量由 2006 年的 30 多万吨增至 2021 年的 600 多万吨。

“近年来主要发送的货物品类有啤酒、矿泉水等，主要到达货物品类有食品、建材、钢铁、水泥、石油等。”中国铁路青藏集团有限公司拉萨西站技术员秦进元在此工作了 13 年。“刚到拉萨西站时，车站周边很荒凉，如今西站周边到处可见高楼大厦，很多当地村民依靠物流业发家致富。”

西藏大学教授久毛措说，交通运输的跨越式进步，增大了高原人民的活动半径，拉近了西藏和内地的距离，促进了商品流通循环，推动了西藏融入全国统一大市场，成为西藏经济社会高质量发展的一个“新引擎”。

（林建杨、张京品、吕秋平、刘洪明、刘颍）

2021 年 8 月 5 日　新华社 

万水千山告别“道阻且长”

——西藏桥梁隧道建设见证大国匠心

桥隧相连、穿山跨江，不论行驶在藏西北高寒草原，还是藏东南峡谷，路畅其行带来的变化令人感慨颇深。在西藏，公路、铁路的桥梁和隧道架起万水千山，加速畅通了人流、物流、信息流，激活了“世界屋脊”的人气和经济活力，唤醒冰封的高原。

2021 年 6 月，拉萨至林芝铁路建成通车，全线 47 座隧道、121 座桥梁，13 万建设者奋战 6 年多；2011 年 7 月，拉萨至贡嘎机场高等级公路建成通车，结束了西藏没有高等级公路的历史；1950 年开始由 11 万军民艰苦修建川藏公路（原名康藏公路），总计架设桥梁 597 座、

这是由中铁城投承建的京藏高速公路那曲至羊八井段堆巴果大桥（无人机照片，2021 年 6 月 1 日，胡雪峰摄）

在京藏高速公路那曲至羊八井段，火车穿过由中铁二局承建的跨青藏铁路特大桥（无人机照片，2021 年 5 月 30 日，新华社记者刘洪明摄）

涵洞 2860 个，牺牲 2000 多人。

这背后彰显国家打通进出西藏道路的决心与意志。西藏自治区交通运输厅的数据显示，“十三五”时期，西藏完成交通运输固定资产投资 2516 亿元，是“十二五”时期的 3.7 倍，占西藏全部固定资产投资的三分之一。全区公路通车里程达到 11.88 万公里，创造了年均增长 8100 公里的高原奇迹。

每年夏季，正是雪域高原工程建设如火如荼的黄金期。记者日前看到，即将建成通车的京藏高速公路那曲至羊八井段正进行涂画标线、安全检查等收尾工序。

京藏高速公路那曲至羊八井段全长 226.9 公里，设计速度 120 公里 / 时，共设桥梁 145 座，其中特大桥 7 座。全长 1025 米的跨青藏铁路特大桥矗立在藏北草原，青藏铁路火车从桥梁下穿梭而过。

在高原建设桥梁和隧道，面临高地温、强岩爆、涌水等施工难题。

近期，各施工单位正加紧建设

工人正在京藏高速公路那曲至羊八井段为路边绿化植被洒水（2021 年 6 月 28 日，新华社记者刘洪明摄）

京藏高速公路那曲至羊八井段当雄隧道（2021 年 6 月 28 日，新华社记者刘洪明摄）

在拉萨市忠材山隧道施工现场，20 岁的旦增索朗（右一）正在进行浆砌片石选材作业（2021 年 6 月 26 日，新华社记者刘洪明摄）

拉萨至日喀则机场高速公路。公路起自拉萨市曲水县协荣村，止于日喀则机场南侧江当村，全长 166.75 公里。

由中铁二十一局承建的拉日高速公路帕当山隧道，其高海拔和复杂的地质构造，给建设者带来很大挑战。“我们克服建设用材供应紧张、地质条件复杂等困难，采用 3D 激光扫描仪检测技术，高效监测施工质量；爆破施工中每个炮孔深度不超过 1.5 倍拱架间距，超前锚杆加强为 42 毫米超前小导管并注水泥砂浆，锁脚锚杆加强为 42 毫米小导管并注水泥砂浆，确保安全有序。”中铁二十一局集团拉日高速公路项目相关负责人王博说。

位于山南市的拉林铁路巴玉隧道被建设者称为“石头像炮弹一样飞的隧道”。施工过程中最高地温达 47℃，且该隧道岩爆区占比 94%，岩爆发生强度大、频率高，一般持续 2~6 个小时，最长持续一周多，甚至在岩爆发生几个月以后还有二次岩爆，这在世界隧道施工史上十分罕见。

京藏高速公路那曲至羊八井段那曲河特大桥（2021 年 6 月 29 日，新华社记者刘洪明摄）

有效施工期短、用工多，是西藏工程建设的普遍特点，西藏在桥梁隧道建设中带动了更多农牧民务工就业。

记者近期在位于拉萨市高新区由中铁六局承建的忠材山隧道施工现场看到，工人们正进行给排水工程、照明安装、边坡处理等收尾工序。20 岁的旦增索朗来自山南市浪卡子县多却乡，正和工友们忙着搅拌水泥、整理石块。“我们在这儿干活一天 230 元，包吃包住，一起来的 20 多人全是山南老乡。这几年西藏工程多，我们打工挣钱的路子越来越广。”

据中铁六局拉萨高新区忠材山隧道项目负责人于海波说：“我们为当地 241 名劳务人员提供了工作岗位，还优先使用农牧民机械和运输车辆，累计租赁施工机械 150 台。”

如今，西藏人民享受到桥梁和隧道建设带来的便利。

56 岁的其美是西藏自治区昌都市江达县岗托镇岗托村村民，从事货物运输近 20 年。“这么多年，每到冬天最担心的是路过矮拉山，山高路险，经常有落石。”他说。

矮拉山隧道海拔 3970 米，被称为“藏东第一隧”。2018 年 10 月矮拉山隧道建成通车后，翻越矮拉山的行车时长由 1 个多小时缩短至 10 分钟以内。其美说，现在当天可从乡镇往返江达县城，不仅便捷安全，还节省了运输成本，全年收入 15 万元左右。

万水千山告别“道阻且长”。70 年来，西藏农牧民逐渐摆脱了翻山越岭、人背畜驮的出行困境，这见证了大国匠心的顽强精神，遍布雪域高原的桥梁和隧道建设架起了更多“团结线”“幸福路”。

（刘洪明）

非凡十年，看西藏交通！

党的十八大以来，西藏交通运输行业坚持以习近平新时代中国特色社会主义思想为指导，深入贯彻党的十八大、十九大和十九届历次全会精神以及中央第六、第七次西藏工作座谈会精神，深入贯彻习近平总书记关于西藏工作的重要指示和新时代党的治藏方略，切实增强“四个意识”、坚定“四个自信”、做到“两个维护”，全面把握“三个赋予一个有利于”使命，围绕稳定、发展、生态、强边四件大事，以建设“人民满意交通”为己任，传承践行“老西藏精神”和“两路”精神，开拓创新、砥砺奋进，交通运输建设、管理、养护、运营等各项事业实现了跨越式大发展，为助力全区脱贫攻坚取得决定性胜利并全

面实施乡村振兴战略提供了有力保障，为西藏经济社会发展注入蓬勃生机和强大活力。

一条条“团结线”“幸福路”，有力地见证着习近平总书记和党中央、国务院对西藏交通运输事业的关心关怀，见证着自治区党委政府和交通运输部对西藏交通运输工作的坚强领导，见证着全国人民对西藏交通运输发展的大力支持，也见证着交通运输行业为推进西藏长治久安和高质量发展作出的历史性重大贡献。

彰显“压舱石”作用

交通运输投资创新高

党的十八大以来，西藏交通运输行业坚持需求引领、规划先行，从抓好顶层设计入手，在雪域高原上倾情描绘出纵横交错、四通八达的综合交通运输发展蓝图，从20余个规划的扎实实施到交通强国试点任务的稳步推进，自2012年至2022年6月底，全区累计完成交通运输固定资产投资3399.49亿元，其中，落实中央资金2076.41亿元（含车购税资金1822.83亿元）。仅“十三五”，西藏交通运输固定资产投资就占全区固定资产投资总量的三分之一，“十四五”以来，交通运输固定资产投资持续保持增长态势，充分彰显出交通运输投资在全区经济社会发展中沉甸甸的“压舱石”作用。

践行“先行官”使命

密织内通外连公路网

2012年年底，西藏全区公路总里程仅为6.52万公里。党的十八大以来，西藏交通运输部门千方百计补短板，一心一意谋发展，充分发扬“两路”精神和“老西藏精神”，克服一切困难苦干实干，截至目前，全区公路通车总里程已达12.07万

公里，奋力开创了公路建设跨越式发展的新局面。这十年，全国最后一个未通公路的县城墨脱县、全区最后一个未通公路的乡镇甘登乡通了公路，特别是“十三五”以来，西藏创造了年均增长公路通车里程8000多公里的高原奇迹。

高等级（高速）公路建设按下“快进键”，从拉萨到林芝、山南、那曲的高等级（高速）公路陆续建成通车，拉萨到日喀则的高速公路建设进入集中攻坚阶段并不断取得新进展。全区高等级（高速）公路通车里程由2012年年底的38公里增加到目前的1105公里，以拉萨为中心的“3小时综合交通圈”正加快形成。

普通国省道建设成效显著。党

的十八大以来，全区共实施国省道建设项目 140 个，截至目前，已建成 109 个，川藏公路“通麦梗阻”等难题得到根本解决，国省道里程由 2012 年年底的 1.25 万公里增加到 3.03 万公里，年均增加近 2000 公里，普通国省干线公路升级改造成效显著。国边防公路建设快速推进，为强边固边奠定了坚实基础。

“十二五”末，全区公路密度仅为 5.31 公里 / 百平方公里，截至目前，全区公路密度已增长到 9.78 公里 / 百平方公里。全区已基本形成了以拉萨为中心、区内外连通、地市间相连、县乡村通达的布局合理、功能完备的公路交通网络，国省干线公路“黑色化”率和技术等级不断提高，行车条件大为改善。

激发“微循环”活力

农村公路助力乡村振兴

党的十八大以来，西藏高度重视“四好农村路”建设，广大农牧区交通条件发生了翻天覆地的变化，越来越多的百姓走上了沥青路、水泥路，告别了“晴天一身土、雨天两脚泥”的窘境，实现了“出门硬化路、抬脚上客车”的便利安全舒适出行梦，各族人民群众走在共同富裕的康庄大道上，获得感成色更足、幸福感更可持续、安全感更有保障。

这十年，西藏交通运输部门聚

焦服务脱贫攻坚，共实施新改建农村公路项目 4306 个，农村公路里程由 2012 年年底的 5.32 万公里增加到目前的 9.04 万公里，占全区公路通车里程的 75%，通达深度、通畅水平全面提升。解决了 375 个乡镇、3479 个建制村、500 个抵边自然村的通畅问题，乡镇、建制村通达率达 100% 和 99.96%，通畅率达 94.4% 和 77.89%，分别较“十二五”末提高了 53.5 个和 63.6 个百分点，为促进西藏实现整体脱贫、全面实施乡村振兴战略奠定了坚实基础。

这十年，全区农村公路设养里程从 2012 年年底的 4.94 万公里增长到 8.9 万公里，县道铺装路优良路率达 72.5%，乡道、村道铺装路优良路率达 67.3%。

全区农村客运服务水平稳步提升，全区所有县（区）和 501 个乡镇、2295 个建制村通客车，提前实

现具备条件的乡镇和建制村全部通客车目标。推动出台自治区农村公路客运补贴实施细则，补助标准提高了140%~171%，补助幅度为全国最高的地区之一。全区已建成三级及以上客运站75个、乡镇综合客运服务站197个、便捷站31个、招呼站337个。

交通运输部门在“四好农村路”发展中，还主动加强与邮政、商务等部门和各地方政府对接，积极探索“交邮”“交旅”融合发展之路，通过试点示范不断推进邮政快递、电商物流通过农村公路、农村客运向农牧区腹地延伸，带动和促进乡村旅游业沿着农村公路兴起和发展。

“四好农村路”充分发挥出经济发展“毛细血管”的“微循环”作用，广大农牧区的生产条件和生活条件日益改善，越来越多的百姓实现了“车轮子转起来，钱袋子鼓起来”。西藏交通运输部门在促进农村公路发展中深刻践行了“小康路上，绝不让任何一地因交通而掉队”的庄严承诺。

唱响民生“主旋律”
交通服务能力大幅增强

通行能力显著改善。国省道设养里程与 2012 年年底的 1.11 万公里相比，增长 1.9 万公里，全区公路铺装路面里程达 4.95 万公里，增长 4 万公里；实施养护大中修工程 2471 公里，政府采购机械设备 625 台（套），公路服务设施 109 个，改造危桥 442 座 /2.39 万延米，完成安全生命防护工程 2.32 万公里，创建“美丽公路”1909 公里。

服务水平持续提升。截至目前，全区七市（地）均实行了 60 岁以上老年人乘坐公交车免费政策，网约车在西藏落地运营，道路运输 5 项高频事项实现了“跨省通办”，从业人员办理资格证补发、换发、注销、信息变更以及诚信考核更加方便快捷。相继建成多个信息化系统，对重点路段、“两客一危”车辆实施动态监管。建立完善了 12328 交通运输服务监督电话系统，进一步畅通了服务渠道。十年来，全区累计完成道路客运量 1.25 亿人次、货运量 2.57 亿吨。随着林拉高等级公路等陆续开放货运车辆通行，物流成本显著下降，公路运输服务经济社会发展的综合效益进一步提升。

应急体系不断健全。拉萨、昌都国家级公路交通应急装备物资储备中心建成并投入使用，挂牌组建了 17 座自治区二级应急物资储备中心，建立了“1+10”公路交通突发事件应急预案体系、公路交通应急管理系统，举办各类公路阻断、道路运输、水上搜救应急演练 50 余次。全区 7000 多位公路养护职工冬战风雪、夏战洪涝，坚守一线，保障着雪域高原路网畅通以及人民群众出行和物资运输安全，以驻守在海拔 5231 米高点的青藏公路“天下第一道班”、山南曲松养护段“女子道班”为代表的全区公路养护部门近年来圆满完成多起大规模自然

中国邮政
CHINA POST
天上西藏邮局
扫一扫 马上叫车
顺道出行

灾害和突发事件的抢险保通任务。仅“十三五”期间，全区交通运输部门就救助受困人员11.38万余人、车辆5.34万辆。

抓住改革“牛鼻子”
行业治理效能全面提升

党的十八大以来，西藏交通运输行业大力深化“放管服”各项改革，加大行业监管力度，优化行政审批流程和便民服务措施，为促进全区经济健康发展不断优化营商环境。

完成各项重大改革。全面完成党政机关机构改革和承担行政职能的事业单位改革；交通运输综合行政执法改革基本完成，成立了自治区交通运输综合行政执法总队，市（地）、县（区）交通运输执法机构挂牌率100%，“局队合一”的管理模式基本建立；新设立自治区高等级公路管理局；严格落实建设项目招投标制度，公路建设项目招投标

业务纳入公共资源交易中心并实现电子招投标，有效杜绝了招投标环节中的暗箱操作和易腐因素；完成了班线、旅游和农村客运改革；理顺了国有资产管理体制，厅监管国有企业改革划转工作全面完成；全面推进农村公路项目审批、招标、建设、管理、工程交竣工验收权限下放至各市（地）。

行业治理成效显著。“双随机、一公开”工作有力推行，事中事后监管和行业指导服务进一步完善。安全生产责任制全面加强，行业安全生产总体形势持续保持平稳有序。综合督查、行政执法不断加强，超限超载治理、扫黑除恶斗争深入开展，市场秩序和营商环境持续好转。人大代表建议和政协委员提案办复率、满意率连年达到 100%。

绿色发展深入人心。西藏交通运输部门悉心呵护高原上的每一寸土地、每一条河流、每一片草原和森林，在修路架桥、发展运输的过程中，严控对草场、河滩、林地的占用，以最强手段减少对植被的破坏和对野生动物的影响。大力推行节能减排新技术、新材料、新工艺的研究、应用，严格执行环境保护各项政策，开展绿色交通示范试点建设。全区新能源公交车、新能源巡游出租汽车数量已达公交车、出租汽车总量的 85% 和 67%。通过加强对所有交通运输环节环保风险的管控，将水污染、声污染和空气污染等降至最低限度。

党的十八大以来的这十年，是

西藏交通运输事业发展最快、最好的十年，也是交通运输助力全区经济社会高质量发展、惠及雪域高原各族人民群众最见成效的十年。

2021 年 7 月，习近平总书记到西藏考察调研时语重心长地说：“全国的交通地图就像一幅画啊，中国的中部、东部、东北地区都是工笔画，西部留白太大了，将来也要补几笔，把美丽中国的交通勾画得更美。”[①]总书记的亲切关怀和重要指示为西藏交通运输发展指明了前进方向、提供了根本遵循。2022 年是党的二十大召开之年，是贯彻落实自治区第十次党代会精神的开局之年，也是“十四五”各项工作全面推进的关键之年，交通运输任务艰巨、使命光荣。西藏交通运输部门将牢记习近平总书记的殷殷嘱托，在自治区党委政府和交通运输部的坚强领导下，锚定“四件大事”，围绕推动“四个创建”“四个走在前列”，主动担当作为，持续深入践行“老西藏精神”和“两路”精神，奋力开创新时代交通运输工作新局面，为建设团结富裕文明和谐美丽的社会主义现代化新西藏作出新的更大的贡献，以优异成绩迎接党的二十大胜利召开。

（刘步阳）

①参见：《走进西藏林芝火车站——“感谢拉林铁路拉来了新生活！”》，《人民日报》（海外版），2022 年 2 月 10 日 01 版。

2021 年 8 月 9 日　新华社

团结线铺就幸福路

——西藏交通基础设施建设实现历史性跨越

曾经，进藏难甚于蜀道难，千百年来只有骡马、牦牛踏出来的古道可走。如今，由公路、航空、铁路构筑起的综合立体交通体系，连接千万藏家。

翻过唐古拉山，飞越横断山脉，

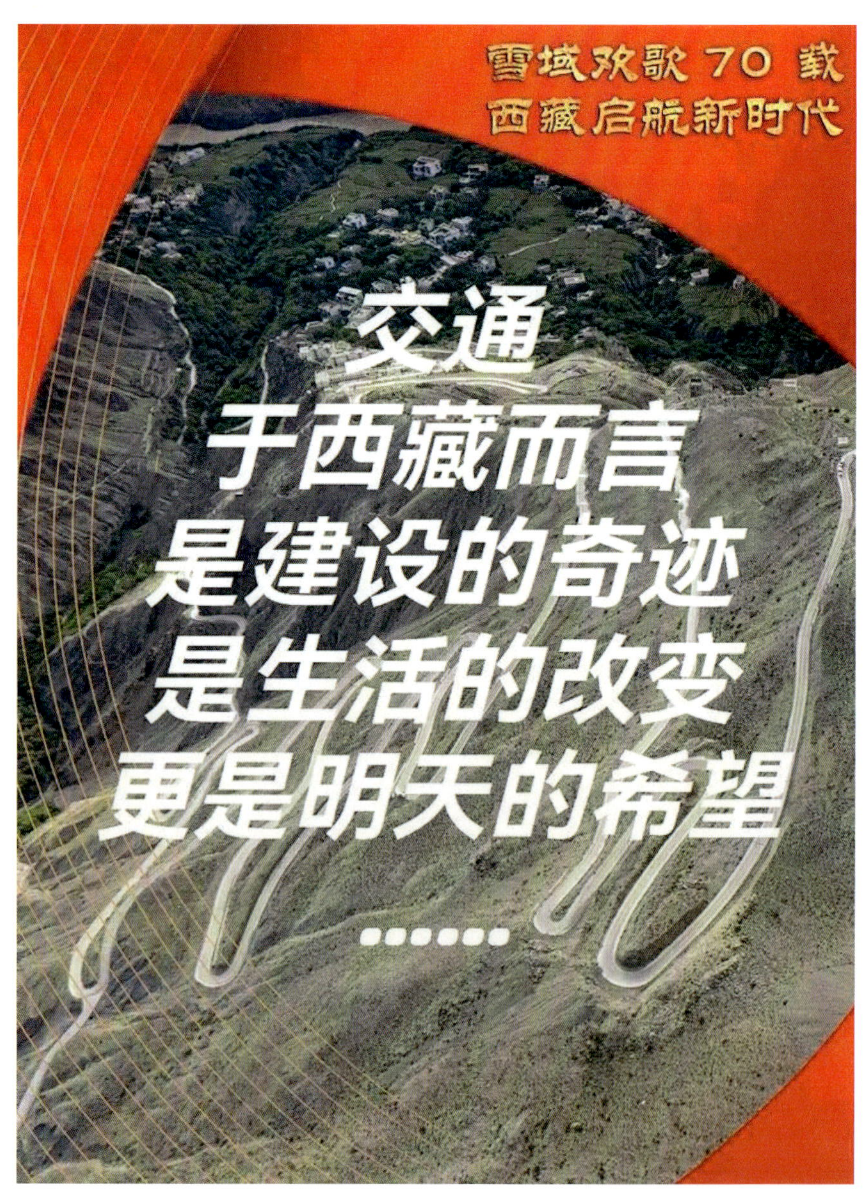

拉林铁路藏木雅鲁藏布江双线特大桥，全长525.1米，主拱跨径430米（2021年7月11日，新华社记者刘洪明摄）

跨过雅鲁藏布江。和平解放70年来，条条“天路”通西藏，“世界屋脊”不再遥远。

从人背畜驮到立体交通

1930年出版的《西藏始末纪要》曾这样形容西藏的道路：“乱石纵横，人马路绝，艰险万状，不可名态。”和平解放前，从青海西宁或四川雅安到拉萨往返一次，需要半年到一年时间。

西藏建设，始于交通。70年来，西藏逐步建立起涵盖公路、铁路、航空、管道等多种运输方式的综合立体交通网络。

——公路里程迅速增加。截至2020年底，西藏建制村村村通公路，通车里程达到11.88万公里，乡镇、建制村通畅率分别达94%、76%。高速及一级公路通车里程约700公里。

——铁路建设日新月异。全长1956公里的青藏铁路于2006年7月1日全线通车运营，结束了西藏不通铁路的历史。2021年6月，拉

汽车行驶在青藏公路拉萨市当雄县境内（2021年6月29日，新华社记者刘洪明摄）

即将建成通车的京藏高速公路那曲至羊八井段（2021 年 6 月 29 日，新华社记者刘洪明摄）

萨至林芝铁路建成通车，至此铁路已通达拉萨、那曲、日喀则、林芝、山南 5 座城市。

——“空中天路”更加便捷。2021 年 8 月 7 日，拉萨贡嘎国际机场 T3 航站楼建成投运，成为西藏最大航站楼。昌都邦达、林芝米林、日喀则和平、阿里昆莎等支线机场相继建成，国际国内航线达到 140 条，通航城市 66 个。

数字的背后，是时代发展的变迁，更是西藏交通基础设施建设历史性跨越的体现。

“天路”通畅促产业兴旺

沿着国道 219 线一路向西，进入阿里普兰县，著名的冈仁波齐峰

拉林铁路复兴号动车组列车乘务员正在为旅客整理行李（2021 年 7 月 8 日，新华社记者刘洪明摄）

8 月 7 日，拉萨贡嘎国际机场 T3 航站楼建成投运，成为西藏最大航站楼（民航西藏区局供图）

和玛旁雍措引人注目，山脚下的巴嘎乡岗莎村热闹非常。

道路通，游客至。“最近 3 年自驾游一年比一年多，有的村民开家庭旅馆，有的做导游，全村没有闲人。”46 岁的岗莎村村民旦巴说。

岗莎村 2018 年底注册成立阿里首家村办企业——西藏冈仁波齐转山旅游服务有限责任公司，拥有 30 多年历史的牦牛运输队发展为现代企业。

“全村参与牦牛运输队的群众增至 338 户、1164 人，入股牦牛 1164 头、马 1164 匹。每户每年创收 1.6 万元以上，部分家庭年收入达 20 多万元。”岗莎村党总支书记

西藏自治区阿里地区札达县境内的公路（2020 年 7 月 26 日，新华社记者刘洪明摄）

阿里地区普兰县巴嘎乡岗莎村村民参加家庭旅馆管理培训班（2021 年 8 月 3 日，益西多吉摄）

列车行驶在青藏铁路拉萨市当雄县境内（2021 年 6 月 28 日，新华社记者刘洪明摄）

多吉白玛说，他们守着山水资源提前实现小康，得益于从砂石路到沥青路的改变。

依托“世界屋脊”的独特景观，道路沿线昔日一个个闭塞山村，告别贫困迎来小康。“天路”纵横，连接的不只是万水千山，还降低了物流运输成本，促进了经济发展。

中国铁路青藏集团有限公司的数据显示，那曲物流中心年货物到发量由 2006 年的 7.2 万吨增至 2020 年的 51.8 万吨，增幅达 619%。

“原来靠汽车运输安全性和时效性差，现在铁路运输既快又安全，运输量提高很多。”在海拔 4500 米的那曲物流中心工作 10 年多的色尼区罗玛镇牧民吉美说。

民生福祉随“路”而至

交通，于西藏而言，是建设的奇迹，是生活的改变，更是明天的希望。

交通守护了生命。“以前全是土路，外出只能骑马或坐马车，有些病人在送医路上就没了。”对于交通变化，南木林县南木林镇恰娃村42岁的平措深有感触，“20年前亲戚家孩子突发癫痫，因为路途不便，还没送到医院就去世了。现在半个小时就能到日喀则市，出行不再是看病阻碍。”

交通带来了就业。拉林铁路的开通运营，不仅为沿线县域经济发展注入了活力，同时也带动剩余劳动力转移就业。应运而生的林芝市朗县铁路护路联防队，吸纳了80名当地群众稳定就业。“以往主要收入来源是采挖虫草和打零散工，今

G4218雅叶高速公路日喀则段桑珠孜区觉仲村大桥（2021年7月17日，新华社记者李键摄）

地处山南市浪卡子县境内国道 349 线边的羊湖风景区（2021 年 6 月 6 日，新华社记者刘洪明摄）

年通过考试成为护路员。”朗县仲达镇 35 岁的普巴幸福感溢于言表，“每月有几千元工资，离家近还能照顾家人。”

交通便利了生活。2020 年 11 月，位于珠穆朗玛峰脚下的定日县扎西宗乡群众首次收到了快递包裹。在全国最后一个通公路的县城墨脱，门巴族居民拉杰也惊喜不已，他网购的冰箱竟送货到家了。“冰箱虽不是稀罕东西，但以前大件货品都不送墨脱，现在路畅通了，这种情况一去不复返了。”他说。

西藏自治区社科院研究员达瓦次仁说，西藏和平解放前，交通处于人背畜驮的原始状态，严重阻碍经济社会发展。如今一日千里的现代交通，正惠及百姓生产生活的方方面面。

（罗博、刘洪明、李键、张宸、旦增努布、普布扎西）

06

2022 年 11 月 27 日　中国新闻网

最大埋深 435 米
西藏拉日高速冬才隧道左线
顺利贯通

西藏自治区交通运输厅 26 日介绍，G4218 雅叶高速公路拉萨至日喀则段建设项目（简称拉日高速项目）第 11 标段冬才隧道左线近日完成掘进任务，顺利贯通。

拉日高速项目全长 91.108 公里，设计速度 100 公里 / 时，全线桥隧比达 71.64%，于 2020 年 6 月 20 日开工，合同工期为 4 年，计划于 2024 年 6 月建成通车。

冬才隧道左线全长 2962 米，属长隧道，位于日喀则市仁布县冬才沟与嘎布久嘎沟之间，施工线路穿越两沟之间山梁，最大埋深 435 米，设置 3 处车行横洞、8 处人行横洞、1 处变电横洞。该隧道地处坡面陡峭、地形起伏巨大、相对高差达 440 米且灾害频繁的地质环境中，施工难度较大。

为推进冬才隧道建设，西藏自治区重点公路建设项目管理中心拉日高速指挥部坚持派员全程跟踪指导，督促各参建单位严格按照施工方案科学施工，按照“管超前、严注浆、短开挖、强支护、快封闭、勤量测”的施工原则，抢抓进度、严抓管理、细抓安全，历经 822 个日夜艰苦奋战，最终圆满完成隧道左线贯通，并实现安全生产“零事故”、新冠病毒“零感染”。

冬才隧道左线贯通现场（西藏自治区交通运输厅供图）

隧道施工现场（西藏自治区交通运输厅供图）

隧道施工掘进过程中（西藏自治区交通运输厅供图）

西藏自治区交通运输厅介绍，2022 年 8 月以来发生的新冠肺炎疫情对拉日高速公路全线施工产生了较大影响，拉日高速指挥部积极对接各部门，着力解决材料进场、劳务流通等难点问题，并与建设单位密切配合，抓好工点封闭管理，力争做到疫情防控和生产建设两不误。

10 月以来，在做好疫情防控前提下，拉日高速项目有序推进复工复产。截至目前，该项目全线已恢复施工工点 23 处，累计完成项目总投资的 65.34%。据悉，为全面追赶疫情影响的施工进度，拉日高速项目指挥部决定克服困难、积极开展冬季施工。

（刘步阳、宋睿）